中國的形成

「『中国』の形成 現代への展望」

岩波新書・中國的歷史 5

岡本隆司
Takashi Okamoto
郭凡嘉◎譯

目次

編輯前言

現在，讓我們重新閱讀中國史——「中國的歷史」書系目標

中國，一個很近卻又很遠的國度。

當年，我們這部書系的作者們甫成長的時代，中國是個無法前往的國家。中國大陸上發生了什麼事，也幾乎是一片模糊。雖說中日兩國一衣帶水，距離十分近，但卻什麼也看不見。

然後，半個世紀過去了。現在如何？前往中國幾乎自由了，許多人在中國進進出出。一衣帶水，真的很近，關係也很深。無論好壞，中國都是個十分重要的國家。

但是，現在的我們，真的看清楚中國與中國人了嗎？無論表面上如何關注，其內涵仍然是個謎。原本應該拉近距離的中國，其實仍然很遙遠。

不過，歷史提供了線索，讓我們有機會接近中國這個謎團。就像我們要認識一個人，也要先看他的履歷表一樣。眼前的中國也是，過去的履歷，隱藏著接近其核心的脈絡。

當然，關於中國的歷史，早有許多重量級的學者留下不少著作。不過，這些著作大多有一個共通的模式，那就是大多採用編年史的寫法，按照時代的興替進行撰寫。

然而，中國十分巨大。疆域比歐洲還廣闊，人口也非常多。歐洲十餘個國家，各自書寫自己的歷史，由於歐洲各國各自有多樣化的發展，因此歷史也必須按照各國自身的歷史進程書寫才行。

但中國呢？就算同屬一個國籍，其中所具備的多元性應該也不遜於歐洲。然而，以前的中國史書寫卻極少觀照這個方面，僅從「中國」這個清楚的框架進行時代更迭的論述，最終變成與過去的王朝交替史觀並無二致，且容易受到特定意識形態所影響的內容。因此，我們認為有必要書寫一部更適合現在全球化的現代社會閱讀、且更接近中國多樣面貌的中國史敘述。

本書系以「多元性」為編寫方針，共以五卷構成。第一卷以東亞的文明為起點，描述中國逐漸具備多元面貌的過程。第二卷以南方在逐漸開發之後，躍上經濟文化中心的歷史為主要內容。第三卷則以不停對中原造成影響，最終卻融入其中的草原世界為論述的重點。第四卷起，加重海洋的觀點，敘述中國南北海域與陸域的多元化不停增強的過程。第五卷以承接第四卷的多元性敘事為起點，重新檢視與現代中國連結的歷史過程。

各位讀者若能經由本書的內容，理解中國多樣的面貌，實為作者的榮幸。

書系作者群　上

本書系的構成

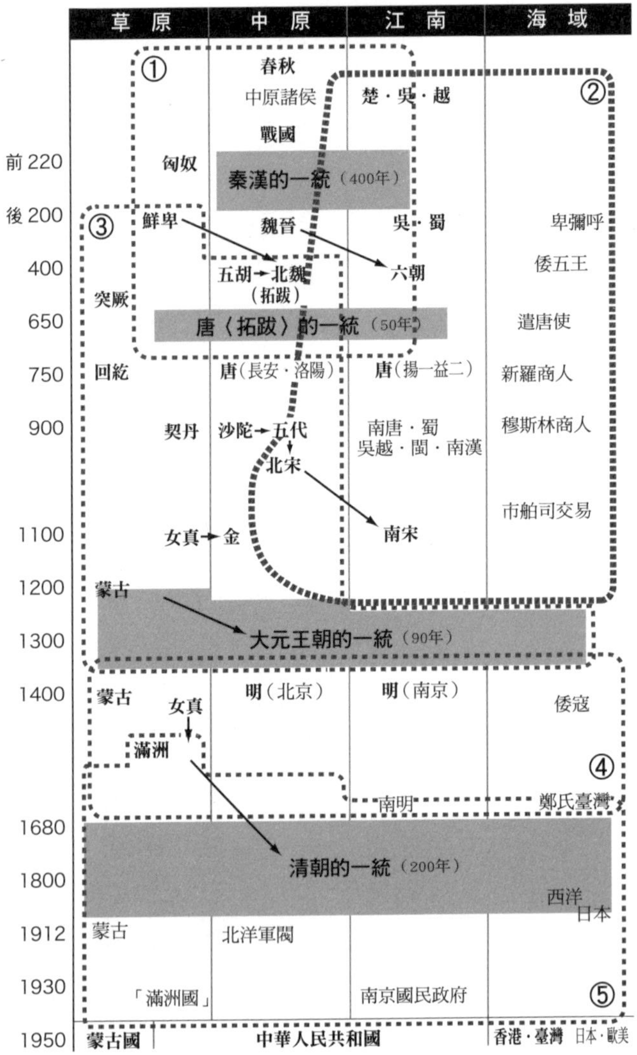

草原
中原
江南
海域
①
②
③
④
⑤
春秋
中原諸侯
楚・吳・越
戰國
前220
匈奴
秦漢的一統（400年）
後200
鮮卑
魏晉
吳・蜀
卑彌呼
400
五胡→北魏
（拓跋）
六朝
倭五王
突厥
650
唐〈拓跋〉的一統（50年）
遣唐使
750
回紇
唐（長安・洛陽）
唐（揚一益二）
新羅商人
900
契丹
沙陀→五代
北宋
南唐・蜀
吳越・閩・南漢
穆斯林商人
市舶司交易
1100
女真→金
南宋
1200
蒙古
1300
大元王朝的一統（90年）
1400
蒙古
女真
明（北京）
明（南京）
倭寇
滿洲
南明
鄭氏臺灣
1680
1800
清朝的一統（200年）
西洋
日本
1912
蒙古
北洋軍閥
1930
「滿洲國」
南京國民政府
1950
蒙古國
中華人民共和國
香港・臺灣
日本・歐美

16～20世紀的東亞

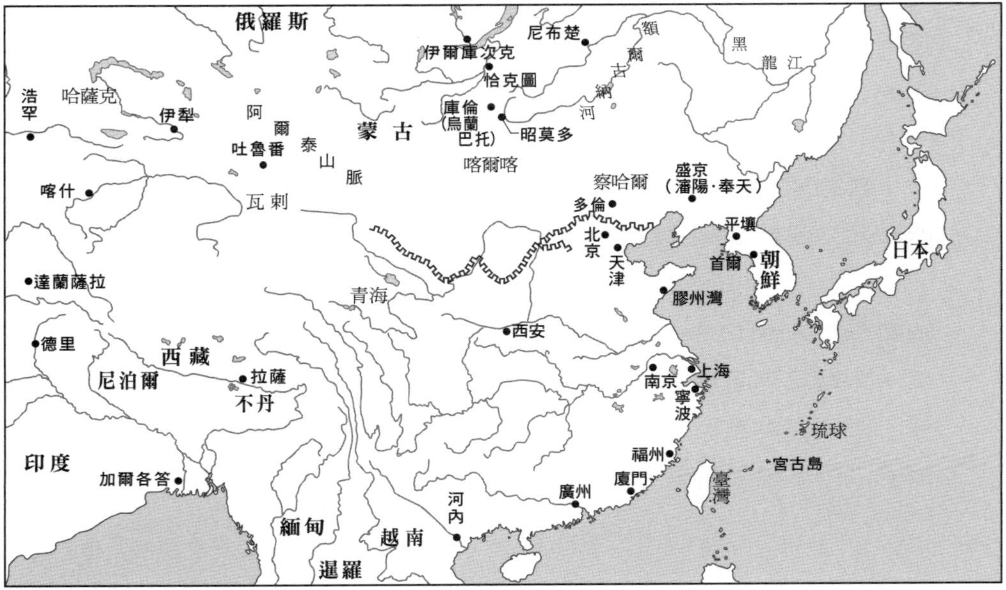
俄羅斯
浩罕
哈薩克
伊犁
阿爾泰山脈
吐魯番
蒙古
伊爾庫次克
恰克圖
尼布楚
額爾古納河
黑龍江
庫倫
(烏蘭巴托)
昭莫多
喀爾喀
喀什
瓦剌
察哈爾
盛京
（瀋陽・奉天）
多倫
北京
天津
平壤
首爾
朝鮮
日本
達蘭薩拉
青海
膠州灣
西安
德里
西藏
尼泊爾
拉薩
不丹
上海
南京
寧波
琉球
印度
加爾各答
福州
宮古島
廈門
臺灣
廣州
河內
緬甸
越南
暹羅

臺灣版序

「中國的實體究竟是什麼？」此系列叢書從這個疑問揭開序幕，也在本卷完結。想要回答這個問題，不如追溯「歷史」，因此我們回到首次出現「中國」這個漢語表現的西周初期，從這裡開始，花費了數本書的長度審視了三千年以上的「中國歷史」。而這個系列的最後一卷，處理了從十七世紀之後到二〇二〇年，總共大約四百二十年的期間。

連結到現代「中國」的基礎，大約在受到了十六世紀大航海時代時全球性的變動後，就固定了下來。我們追溯著在這樣的基礎上產生的「形成」過程，並描繪出了到現代「中國」的脈絡，這就是本書的內容。

在通俗的說法中，這段範圍被稱為「清代史」、「近代史」與「現代史」。這樣的區分法，以及各式的稱呼與內容，會因立場與視角的不同，而經常出現差異。因此有人便認為應該針對個別進行考察。

這樣的說法自然沒有錯，但是本書卻刻意使用了貫穿時空的通史手法，並且將重點放在「清代史」進行論述。這種架構與方法，正意味著本系列叢書以及本書想要重新叩問「中國究竟是什麼？」這個問題。

「中國究竟是什麼？」這個提問的答案，自然就只有現代的中國。然而所謂的「現代」，有著走到這一步的脈絡，也就是成為前提的歷史。想要掌握這樣的歷史過程，若只看個別的具體事件、時期或人物，是不足夠的。這就是本系列叢書以及本書的論點。

也因此，本書的日文原著將這大約四百年左右的歷史分成四等分，十七世紀大約占了四十頁、十八世紀大約占六十頁、十九世紀五十頁、二十世紀大約是五十頁的分量。清朝的時代約占了四分之三，而這正是因為我們認為清朝對於現代的影響非常大的緣故。無論好壞，想要論述二十世紀這一百年間以及現代的意義，並思考「中國究竟是什麼」的問題，這樣的前提是不可或缺的。囊括性、概括性的理解非常重要。

所以本書既非「清代史」，亦非「近代史」或「現代史」，畢竟本書的定位是「中國的歷史」。

儘管如此，這段「歷史」卻沒有結束。換句話說，「中國究竟是什麼？」

這個提問，至今仍未獲解答。「中國」究竟是「一個」還是「兩個」？就連數量的問題，都不明不白。現今的時局正是如此。

提問的不僅是專家及學者，對現實政治中的當事人亦是如此。他們為了得出這個問題的解答，正處於反覆測試、不斷摸索當中。因此記錄到二〇二〇年的本書，不僅是論述了引發現狀的起源，同時也必須陳述現實的艱苦奮鬥及其功過。

這當然會與政治的利害產生衝突。儘管「如實記錄歷史」是最理想的狀態，但實際卻往往很難做到。這漫長的「中國歷史」便證明了這一點。

本系列「中國的歷史」蒸餾壓縮了研究的成果，成為了讓一般的民眾也能接觸的書籍，儘管很渺小，但卻也難逃這樣的例子。本書「現代史」的部分，提及了現代的艱難鬥爭以及功過，這樣的史實敘述，讓中國大陸的出版社口徑一致的告訴我們，這個部分沒有辦法翻譯與出版。我們理解這是對方在即使很有可能會牴觸反覆測試、不斷摸索的現狀之下，仍然想要出版本書的譯本所做出的苦心思慮。但以本書的狀況而言，是透過了「清代史」「近代史」「現代史」一貫的脈絡而成立的，如果刪除了這個部分，那麼就會損及本書，甚至是本系列叢書整體的宗旨與架構。這實在是令人莫可奈何。在深思熟慮之後，本系列當中只有本書，放棄了在中國大陸的翻譯與出版。

這近乎是「禁書」的狀態，正是中國大陸現代政治的特徵之一。如果這種事甚至發生在本書身上，那麼這正證明了這是「中國歷史」的其中一環。而我們也可以反過來說，這也正是本書存在的意義。

儘管如此，我仍認為應該要讓華語圈的讀者們觸及本書。更進一步而言，我們應該要把這樣的現況列入考量，來思考並玩味「中國究竟是什麼」的質問。

在這樣的狀況之下，臺灣的聯經出版公司接下了這份工作，並承諾會忠實完整的翻譯本書。儘管無法在中國大陸出版，但只要有記載本篇序文的中文版存在，那麼想必華語圈的讀者就能不限時空的接觸並理解到本系列叢書的宗旨了。在此我也要對接下本書翻譯工作的譯者郭凡嘉小姐致上深深的謝意。

本系列在日本受到有識之士的讀者頗高的好評。在華語圈的讀者們，對於日本人的中國史學者所投出的質問，又會有什麼樣的反應呢？我們筆者群雖然感到不安，但也抱持著期待，而所獲得的結果，儘管可能很微小，但仍或許將成為「中國歷史」的一個篇章吧。這也是我期望此次臺灣版的發行所能帶來的小小幸運。

二〇二一年九月五日
岡本隆司

導言

在混亂之中

「十七世紀的危機」

談到總結十六世紀的一六〇〇年，應該是只要稍微了解歷史的人，一定都會記得的一年吧。這一年日本發生了決定天下的「關原之戰」。長期處於戰亂、紛爭的戰國時代，終於因此役而收束，在日本史上是一大事件。

當然這並非是很唐突地發生在這一年的事，戰國時期經年累月的混沌、流動，終於達到最後的局面，逐漸成為一統。與此同時，也揭開了日本近世的序幕。

然而處於一片混沌的，不僅只是日本列島而已。這似乎是地球規模、世界共同的現象。不用說，當時的世界正處於大航海時代。

一提到十六世紀的大航海時代，人們腦海裡首先會浮現的就是哥倫布、麥哲倫這些勇敢的航海家橫跨大洋航海的冒險事業，或是方濟・沙勿略、利瑪竇等傳教士跨越異國邊境從事傳教活動吧。這在日本史上，也是一個被稱為「南蠻渡來」的現象。

當然，這些著名的人名、事件非常重要，但不僅止於此。讓我們將目光望向一些名不見經傳的動向吧。冒險家的大航海時代，同時也是全世界的商業熱潮時代。對世界各地而言，四處都流通著新奇的產物，貿易非常興盛，這是前所未有的狀態。

因此過去世界秩序的架構逐漸無法維持，多少開始產生混亂與紛爭，被迫要重新建立新的世界秩序，這似乎也是不論東西、全球共通的現象。

儘管混亂是共通的現象，但日、歐、亞卻不可能有相同的外貌或內涵，彼此都有著各自不同的性格。日本正值戰國時代群雄割據，歐洲有西班牙、葡萄牙建設殖民地帝國及斜陽。明朝苦惱於內憂外患，鄂圖曼帝國從蘇里曼全盛時期逐漸轉變，東亞與西亞各自經歷著動盪。

日本在德川家康的領導下，自戰國時代的混亂局面逐漸邁向和平統一，展開了新的局面，全世界與此幾乎同時，也從過去混亂的狀況開始轉變。

歐洲的西班牙開始衰退，進入混亂的爭霸時代。在發生關原之戰的一六〇〇年，後起之國的英國也開始進入東方，在這一年創立了英國東印度公司。

在世界史上，成為其契機的就是稱為「十七世紀的危機」（The General Crisis）的現象。這基本上是一場氣候的變動，從十四世紀開始的小冰河期造成了氣候的寒冷，因為受到了太陽活動低下、聖嬰現象、火山噴發造成的火山灰雲等的影響，到了這個時候氣候變得更加嚴峻。

在此之前，由於大航海時代的商業活動盛行，世界一片榮景，這使得狀況更加嚴重。由商業的活化帶來的「新大陸」的白銀，也隨著時間的過去而減少。由於多重的原因，全世界陷入了比「十四世紀的危機」更嚴重的大恐慌。

東西的十七世紀

在西洋史中回溯這樣的動向，就會歸結到征服世界的大英帝國。一六〇三年，德川家康成為征夷大將軍，同年伊莉莎白一世駕崩。對大英帝國來說，這或許是展開了「危機」世紀的序幕吧。但歷經了「十七世紀的危機」，大英帝國也逐漸建立了「財政=軍事國家」的架構。

所謂的「財政＝軍事國家」（fiscal-military state）指的是國家靠著稅收、公債，有效率地聚集並持有廣大的財源，且有效地將資金投入槍砲、海軍等軍事力的革新與增強，透過這樣的手段在世界各地豪取強奪，並日漸富強的體系。這種軍事財政的革命，正是因為面臨到「危機」並試圖克服而產生的。以這樣的體系為基礎，大英帝國達成了產業革命，進而在十九世紀稱霸世界。

十六世紀的大航海時代，讓世界正式的開始全球化，經歷了十八世紀後，又更加的深化。近年來歷史學家稱之為「大分流」（Great Divergence），這正是代表了當代的學說。

全球化的歷史與「大分流」正席捲著全世界，並逐漸成為定論。然而仔細思考後，會發現「大分流」的概念所指的現象，其實既不罕見，也並非新的學說，是早就有人提出的說法。我們可以說是產業革命，可以說是takeoff，也可以說是近代化。無論哪一種說法，都是指歐洲異軍突起、領先全球的現象。

既然如此，那麼「十七世紀的危機」就是能夠與近現代連結的一個現象了。而如果是「大分流」、「近代化」的話，那麼肯定也左右著位處在世界另一頭的亞洲的命運。現代的我們非常了解歐洲的「近代化」，無須我再贅述。但我們卻必須要重新審視亞洲的狀況。

實際上，「大分流」的學說所改變的，是亞洲的定位。十八世紀末期，歐洲處於產生分流的前夕，當時歐洲的經濟水準與東亞相當，甚至被視為是相當均質的。所以從中「分流」出來，從這一點來看，相較於過去都將亞洲視為「從一開始就不同而落伍」的史觀，確實是很嶄新的看法。或許這也是西方人開始對過去西歐中心史觀的錯誤有所頓悟，而做出的反省吧。

我們當然很歡迎反省，但若要問這對東亞是否有精確的理解，那又不是那麼明確了。對此我們已在別處詳加敘述，在這裡便不再重複。但若容我多說一句，那麼如果只把目光焦點都放在經濟指標，就會對社會結構、統治體制等的形式缺乏洞察。

尤其是中國史，更是如此。例如倘若沒有充分觀看「中國的歷史」本系列中提到的各種史實歷程，就無法論述長期的東亞史，甚至是世界史。要論述全球化歷史，就必須要先重新審視東亞的歷史。

近現代所謂的「大分流」，以及成為其前提的「十七世紀的危機」、更前提的十六世紀以來的混亂，在東亞的脈絡、局面裡又是如何呢？這在理解整體西方所謂的「大分流」所推動的世界史時，也是極為重大的課題。

東亞的混亂

儘管我們簡便地說「混亂」，然而那並非是毫無軌跡而紊亂的狀態。東亞當時既有的一元化、集約性的秩序體系，由於無法立即順應加速的多元化，因此出現了混亂。

十六世紀的明朝，用漢語將這樣的情況以「北虜南倭」來形容。北邊有蒙古侵襲，南邊有倭寇，以政權來看，確實是嚴重的外患、巨大的對外威脅，是充滿了危機感的狀態。

然而客觀地思考「北虜南倭」，就會發現這是顯示出當時世界「混亂」化、東亞多元化的一個現象，也是海陸各自勢力興起的產物。草原上的蒙古勢力，在過去就持續和明朝對峙，海洋上有武裝貿易業者逼近，且勢力也日漸增強。

本系列書籍的第四卷中詳述了「以明朝政權為中心的朝貢一元體制」，而這些外來勢力都意味著對立的關係。然而如果是對立關係，就會不斷產生紛爭，只能不斷地思考如何穩定情勢，從錯誤中學習。

這樣混亂的局面和歐洲相同，東亞局面越演越烈，就在看不見收束的狀況下，進入了十七世紀。西方進入了西發利亞主權體制，主權國家的並立、國際關係，而東亞卻可說是走上了完全不同的道路。

「北虜南倭」黜飾了十六世紀，成為延續了蒙古、倭寇的勢力，到了十七世紀也依然是與多元的勢力對立的存在。大致上可以分為東北、南方、海洋的勢力。我們甚至可以說這些勢力加深了多元化，在各方面都能看到巨大的變化。光是眼睛看得見的事件，就有遼東的軍閥勢力興起、沿海的荷蘭勢力進入，以及中國內部的動亂。這些在十六世紀末期都不算太顯著，是屬於比較新的局面。

這些局面發生的時間和地點都不同，發生的現象也各有所異。然而內部不管在空間層面或時間層面，都有著相互的連結。因為儘管隨著時間的經過，局面有所變遷，但狀況本身都是十六世紀「北虜南倭」的延續。

「北虜南倭」雖然各自發生在南北，但起因與本質卻是相同的。就算時間過去，依舊沒有改變。這個根源相同、與多元勢力競爭的對立在解除之後，連結的部分變得明顯，最終融合為一股勢力。那就是接著登場的清朝在政治上的功能，也是其歷史上的角色。

明清接替的示意圖

明朝的「朝貢一元體制」，根據的是中外、華夷這樣的二分法世界觀，把自己稱為「中華」，並將其他的「外夷」稱為非「中華」，甚至加以蔑視的秩序體制。這種方式隔離了內外，且不承認除了朝貢之外的對外關係，明朝幾乎沒有認可過「外夷」當中的不同。這超越了人們的思考意識，明朝的體制就是如此。

然而「外夷」實際的狀況，本來就非常的多樣化。比方說日本人與西方人，就完全不同，這是理所當然的事。但是明朝的制度與體制非常的固定與僵化，無法辨別並掌握其中的不同，像「倭寇」、「南倭」這樣概括性的說法就是典型的例子。而無法因應「外夷」的多樣性與多元化，就是東亞混亂的起源。到了十七世紀中期，明朝滅亡，東亞的主角由清朝來接替。

俯視這樣的狀況與趨勢，就如同〔表1〕所示。〔表1〕統整了十六世紀到十八世紀大致上的動向。

十六世紀「北虜」的後繼勢力有滿洲、蒙古、西藏、準噶爾，這在之後就形成了清朝本身與「藩部」。

表1　東亞的多元勢力與清朝

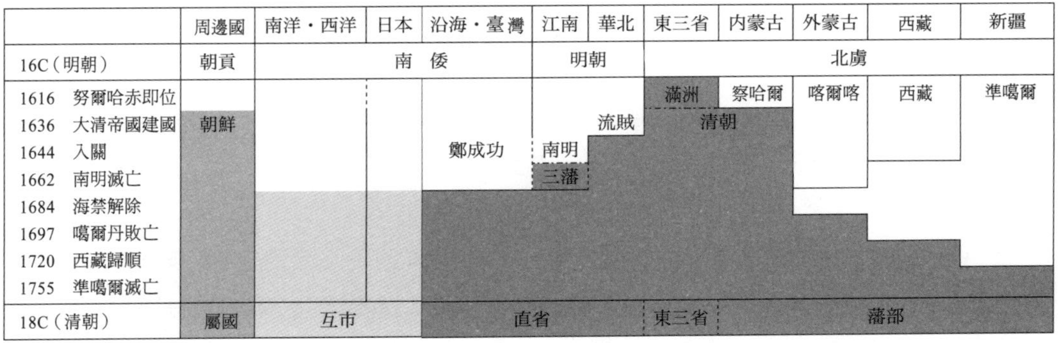

接續246頁的〔表2〕

日本當時正在進行所謂的「鎖國」，因此日本勢力後退後，接續「南倭」的中國海洋勢力有獨立的廈門、臺灣，這些都被清朝吸收，轉化成華人進入海上、且有與經過南海而來的各國貿易之關係，我們暫且說這是「互市」的關係。

明朝由於內亂最後自行滅亡，後繼勢力就遲遲無法形成。清朝平定了流寇，鎮壓了北京、華北，但江南、華南仍有明朝遺孽，直到十七世紀末期才終於排除其勢力。到了這時候，清朝才終於確立了明朝後繼者的地位。

位處周邊的諸國從十五世紀以來，就一直臣服於明朝的威勢下，締結了朝貢、冊封的關係。這樣的關係其後也由清朝繼承了下來，以當時的用語稱為「屬國」。

位處世界之中的清朝

揭開十七世紀序幕的東亞，與上列的多元勢力並存、角逐中原。經過百年後的十八世紀，這些勢力看似全都與清朝融合了。以規模而言，可說是如同本系列第三卷當中的元朝的復興。除了外觀上還有許多其他的面向，我們都會在後面詳加敘述。

越發顯著的獨立性在各自維持後，各方的角逐、爭霸也更加深、更長期化了。為了順應如此的情勢，或許也產生了系統的建立，當時甚至很有機會出現像歐美歷史的可能性。

西洋史與近代史的發展，以西發利亞主權體制、國際關係的建立與霸權的爭奪、移轉為主軸，其多元化的要素儼然固定化，並讓人得以在多元化當中找出固定的秩序。不過正因如此，歐美的近代史就充滿了對立、矛盾與戰爭。

這的確也是世界史當中的一個典型，而這樣的國際關係席捲了全世界，最後成了國際標準。身處現代的我們，看到這樣的狀況，幾乎都覺得理所當然而不加遲疑吧。

然而俯瞰當時的整個世界，這絕非普遍的狀況，而是一種很特殊的進程。至少在東亞就並非如此，因此在區別西洋史與亞洲史時，我們或許也可以把它視為一個特徵。

動亂不斷的多元化最終是如何收拾殘局的呢？東亞面臨了這個不只局限在東亞的世界史課題，最終由清朝交出了一個答案。

第一章

興隆

紫禁城的太和殿（拍攝於 2006 年）

一、遼東

女真

提到十七世紀初期的局面，就如同〔表1，二三頁〕所示，滿洲人只不過是眾多勢力的其中之一罷了。在此讓我們重新概觀一下滿洲的發展歷程吧。

漢語有時會稱之為「塞外」，以漢人的角度來看，這裡位處萬里長城之外的北方，「塞外」大致以遼河為邊界，西方是草原，東方是森林。由於是這樣的環境，草原上的居民主要以游牧、森林的居民以狩獵採集維生。西方的游牧民族，不用說，就是眾人皆知的蒙古人了。而東方的森林，住的是女真人，他們是過去十二世紀建立了金朝的族人的後裔。

他們的生活也無可避免地受到大航海時代的影響。世界規模的商業浪潮，提升了對他們的特產——人參、珍珠、貂皮——的需求。他們尤其跟生產大量金銀的日本列島有著很密切的往來。

日本的白銀進入了朝鮮半島，而日本也因此購買了絹製品、棉製品等中國物產，其中一部分就被當成白銀的報酬，運往了日本。除了原本就是出口產地的中國，連位處中繼地的朝鮮半島，也受到了貿易的恩惠，逐漸出現了對女真物產的需求。而隨著貿易往來逐漸頻繁，與之相關的紛爭也越來越多。

因此遼東也跟過去在沿海非常猖獗的倭寇相同，貿易非常興盛，武裝商業集團的活動日漸顯著。包含漢人在過去就逐漸移居的半島，遼東南部都在明朝的統治之下，以柵壘所形成的「遼東邊牆」成了一條切分的界線，而女真的居住地就像是楔子一般的突出。而依賴商業的軍閥，就在這條界線的內外相繼興起。

努爾哈赤建國

其中最後最大的成功者就是女真族的努爾哈赤（一六一六—一六二六年在位）。他以在「邊牆」與鴨綠江間的建州為根據地，於一五八三年舉兵，到了五年後，幾乎將建州一帶其他的對抗勢力都討伐殆盡，成為一股獨立的勢力。接下來我會套用努爾哈赤的自稱，將這股勢力稱為「滿洲」。

圖1　努爾哈赤

西邊首當其衝的明朝當局，並沒有出手妨礙努爾哈赤的動作。他們容許滿洲的勢力，因為他們認為，把滿洲視為一個安定的交易窗口才是有利的策略。當時的局勢就是雙方各自共存於「邊牆」的兩側。

很快的，豐臣秀吉就發動出兵朝鮮。日本軍位處優勢，明朝為了與之抗衡，出兵半島，動員了莫大的人員與物資，行經的遼東地方受到刺激使得經濟更加活躍，讓努爾哈赤的勢力越發壯大。

朝鮮出兵的落幕，也揭開了十七世紀的序幕。當時的滿洲勢力，壓制了鄰近的女真族，勢力更加擴大，眼看就要統治所有女真。

這麼一來，明朝原本容許努爾哈赤的存在，這下也開始加強了警戒，進入一六一〇年代後，衝突也不過是時間的問題罷了。一六一六年，努爾哈赤即位，而此舉也是為了籌備即將與明朝之間的對決所做的體制整頓、內部的團結。

一六一九年，雙方發生激烈的衝突，名為薩爾滸之戰。努爾哈赤大敗明朝與朝鮮的聯軍，並打倒了直到最終都不願屈服的葉赫，加以併吞。他甚至跨越「邊牆」，進攻在明朝統治之下、漢人眾多的南方，在一六二一年攻陷瀋陽、遼陽，統治了居住在遼東的漢人。這支武裝集團在開始時不過只有百人舉兵，最終卻成長為以華夷混雜的社會為基礎的政權。

大清國

努爾哈赤不斷膨脹、西進，但在一六二六年，在明朝東方最後的要衝寧遠，終於敗北。他們敗在明朝布署的葡萄牙製大砲與紅夷大砲。努爾哈赤當時負了傷，不久便去世，由努爾哈赤的第八子皇太極繼任（一六二六—一六四三年在位）。

情勢越來越嚴峻，滿洲由於努爾哈赤的敗戰，在軍事上轉為劣勢。皇太極為了打破困難局勢，在剛即位的一六二七年，就突然派遣遠征軍攻打南邊鄰國的朝鮮王朝。此舉或者是出於腹背受敵的情勢所下的決定吧。朝鮮由於

圖 2　皇太極

受到出其不意的襲擊，打了敗仗，最後接受了與滿洲締結「兄弟之盟」的條件，在軍事上不能與滿洲敵對。這場戰役就是「丁卯胡亂」。

首先去除了南面威脅的皇太極，逐漸鞏固自身的地位。到了一六三四年的蒙古遠征，更是突破性的擴大了勢力。這次的勝利也讓西邊相鄰的察哈爾部歸順。皇太極以此為契機，納入了延續成吉思汗血脈而提高權威的察哈爾族，並即位為皇帝。他即位後，將年號改為崇德，並立國號為「大清國」。這與過去蒙古帝國大汗君臨的「大元國」幾乎一模一樣。是年一六三六年，清朝正式成立。

居住在遼東的滿洲人，竟成了漢人的君主，皇太極甚至也統治了蒙古人。他受到滿、蒙、漢三族的擁戴，成為共同的君主，因此需要適合這種身分地位的頭銜。

皇太極、清朝成了與明朝匹敵的地位。從漢語、儒教的思想理念來看，皇帝是受到了天命的天子，天下只有這麼一人。所以以明朝的角度來看，他們無法容許清朝僭稱帝號。明清成為水火不容的兩個存在。

胡亂

不僅是明朝，明朝的朝貢國朝鮮甚至比明朝更忠於實行儒教的理念，也因此被迫陷入兩難的局面。皇太極即位時，也呼籲朝鮮跪拜朝賀，因此朝鮮被迫必須要對另一方舉起鮮明的旗幟。

不出所料，朝鮮政府表現出拒絕的姿態，皇太極便在即位為大清帝國的皇帝後，同年的年末率領了十三萬大軍親自出征朝鮮。這就是「丙子胡亂」，清韓之間的關係再度呈現破局。

清軍越過鴨綠江進攻義州，將朝鮮國王包圍在南漢山城之中使其屈服。那時是一六三七年二月二十四日。儘管把朝鮮的敗戰同樣稱為「胡亂」，但以歷史上的意義來看，丙子胡亂是無法和之前的丁卯胡亂相提並論的。講和的條件包含了朝鮮必須要放棄與明朝的朝貢關係，對清朝行臣禮、使用清朝年號，其中行禮的方式與過程延續與明朝之間的舊例等。

換句話說，這是切斷了朝鮮與明朝之間已持續了兩百年以上的關係，並原原本本地轉換到清朝之上。若不這麼做，就無法讓朝鮮在實際上乖乖地順服清朝。除此之外，清朝不放棄與朝鮮之間的關係，也代表想改變與明朝的關係、改變明朝固執堅守著在東亞的既有秩序體制。

但光是這些舉動，就讓清朝失去了從容大度的餘力。朝鮮的昭顯世子被清朝抓往瀋陽抑留、歲幣的負擔、受到明朝攻擊時必須出手援助等，各種嚴苛的狀況強加在朝鮮之上。只要強大的明朝持續存在，就一刻都無法鬆懈。

雖說明朝當時步入衰退，仍然是東亞的第一大國。先不說版圖的浩大，在人口、經濟力方面也是名列前茅。他們絕不容忍清朝存在的態度，也絕非只是虛張聲勢而已。努爾哈赤最終也是敗退，而皇太極雖然站上了與明朝並駕齊驅的地位，在現實上卻沒有能夠抗衡、打倒明朝的把握。

一六三八年，清軍長驅繞道蒙古，越過長城入塞，甚至進入了現在的山東省。明朝政府陷入恐慌，無法祭出有效的對策，只能等著清軍自行撤退。然而清軍並沒有達成任何顯著的戰果，無法突破山海關的要衝，最終仍是無法從正面突破長城。皇太極不得志，最終於一六四三年崩逝。

二、入關

多爾袞

皇太極過世後，由兒子福臨繼位，是後來的順治皇帝（一六四三—一六六一年在位），然而他當時只有七歲，實在太過年幼，實際掌握政權的，則是皇太極的弟弟睿親王多爾袞（一六一二—一六五〇年）。多爾袞非常有智慧、冷靜且見解透徹，當初也被視為有力的繼承者之一。但或許是他深知最終還是無法登上大位，於是退而求其次，擁立順治皇帝的即位，自己擔任攝政王，取代年幼的皇帝實際執政。清朝當時雖然態勢逐漸整備邁向完善，但眼前仍然是看不見曙光與展望的艱困局面。

圖 3　多爾袞

多爾袞在隔年一六四四年出兵明朝，儘管有些史料記載著「討伐明朝」，但當時並沒有成功的把握，而是要誇示自身的主導權、團結國內的力量，並偵測敵國的國力。想必誰也沒預測到，這會是一場改變整個清朝命運的行動。

另一方面，位處長城之內，在明朝統治之下的中國，正蔓延著一片無以名狀的混亂。長期持續的內亂中，最大的勢力就是李自成（一六〇六—一六四五年）的起義軍，因為這支起義軍發動了對北京政府的挑戰。

他所率領的叛軍，原本就機動性相當高，不斷轉戰於各地，長期被視為「流寇」。而同年一六四四年，李自成進入了出生地陝西省的西安，在此稱帝建國定了年號，與明朝的敵對態勢越發鮮明。很快的，他就夾帶著這股勢力，從西安出發，開始發動攻擊，目標是建立新的王朝政權。

其結果或許無須再贅言了。「流寇」攻進了首都，而明朝也沒有發動稱得上是抵抗的抵抗。約莫一個多月的時間，就攻陷了北京城，明朝崇禎皇帝在紫禁城外的景山自縊，明朝就這麼輕易的滅亡了。

明朝之所以無法阻止並擊退「流寇」，也是因為傾了全力在防衛與對抗清朝的緣故。當時鎮守前線的是武將吳三桂，他出身遼東，從一六四一年就在寧遠指揮著明軍。

明朝政府由於「流寇」逼近首都，希望將吳三桂召回，但卻沒有來得及。當吳三桂還在途中長城南方的灤州時，就接到了北京陷落的消息。此時，多爾袞所率領的清軍正逼近長城東方的要衝山海關。吳三桂因前有「流寇」、後有清軍夾擊的局面，而陷入了困境。身為駐守前線的明朝將軍，他向對峙的敵國清朝請求援助。

見到機略縱橫卻進退維谷的吳三桂陷入困境，多爾袞自然是不會放過。他刻意採取了高壓的姿態，迫使吳三桂歸順。然而吳三桂此時也沒有選擇拒絕的餘力。

圖 4　吳三桂

看準這一點而不斷進軍的清朝，此時更是下定了決心，要繼承明朝滅亡後的地位。此一重大決斷，也為東亞的世界秩序帶來了歷史性的巨大轉變。

交接

多爾袞跨越了過去父執輩們怎麼都無法突破的山海關，驅逐了李自成的勢力，進入了北京。在漢語裡，此為「入關」，意即進入山海關的內側。而這也是明清權力交接的瞬間。

清朝一旦進入了北京，明朝就再也不是其主要敵手。清朝眼下的課題，就是必須繼承明朝這個統治了漢人的「正統」政權。不僅只是為自縊身亡的崇禎帝服喪，或是維持了十三陵的祭祀，以繼承的意味來說，這些都是理所當然之事。

所以儘管是一償父輩的宿願，滿清卻仍然無法鬆一口氣。畢竟是自行投身到明朝的大亂之中，就必須要做好覺悟與行動，一手接下收拾殘局的工作。首先的工作就是要代替明朝，討伐「流寇」。然而光靠清朝的實力，還是不夠的。

多爾袞的滿清在此時很有自知之明，他們非常禮遇吳三桂等投誠的漢人，並試圖讓這些投誠的漢人勢力發揮充足的軍事力。不光只是如此，這些漢人也回應了清朝的託付。為了回復且維持秩序，他們或許也認為應該充分利用清朝吧。像這樣的細微心計，若只從〈表1，二三頁〉的統整圖去看，反而很難察覺出來。然而明清的交替之際，也有另一種看法認為，在背後運籌帷幄的漢人們，才是真正掌握了主導權。

「流寇」李自成被清軍擊退之後，從北京經過山西、逃回根據地陝西，但卻難逃追擊，自東邊被突破潼關的清軍擊破，在隔年一六四五年被擊潰。與李自成分裂而據守四川的張獻忠，也被征討，自明末以來的叛亂終於暫時平息。

在這段期間的戰亂中，西方有大量的人喪生。尤其是張獻忠被視為殺人魔王，他在四川進行屠殺，讓四川人煙滅絕，往後四川的復興與開發還要靠外來移民的力量。這樣的移民在往後不斷持續，他們在實質上也肩負起往後歷史的重擔，讓我們之後再詳細敘述一下其中的來龍去脈吧。

南明的興亡

清朝將根據地移至北京，且成功討伐了「流寇」。然而環視地方，現實的情勢卻仍然處在不安定的狀態，敵對勢力仍舊存在。

其中最顯著的就是南明。明朝除了皇帝位居的北京之外，在明太祖建立王朝的南京也設置了陪都（政治機構），並封各地朱姓為王。儘管崇禎帝自縊，但血脈相承的諸王仍然健在。「南明」即是擁戴朱姓一族、企圖復興明朝的各地勢力的總稱。

清軍首先的目標就是位在南方中心的陪都南京。因為此地擁護萬曆帝之孫「福王」，建立起了明朝的後繼政權。

多爾袞強烈地批判這種南方獨立的行動。

> 流寇侵入北京，崇禎帝身亡時，中國臣民無一能報一箭之仇。……我朝能入主北京，也無非是自流寇手中奪回政權，並非自明朝篡位。即使流寇是明朝的仇敵，卻非我朝之罪人。儘管如此，我朝卻雪了明朝之恥，曉以大義。如今在南方另立天子，無非是等同於天有二日。

換句話說，這番言論表示清朝繼承了明朝的天命，並對「南明」主張自身的正統性，宣言南明沒有擔任政權的資格。

確實如此。客觀來看，南明的確完全沒有資格。南京的福王政權儘管遭遇敵軍迫近，卻仍然像明朝末年的北京政權一般，內部紛爭不斷，根本沒有認真地面對軍事與政權。

不久後，清軍就攻陷了南京北邊、位處長江的揚州，在此進行了示威目的的大屠殺。隨後越過了長江攻陷南京，南明福王被捕，隨即被殺。

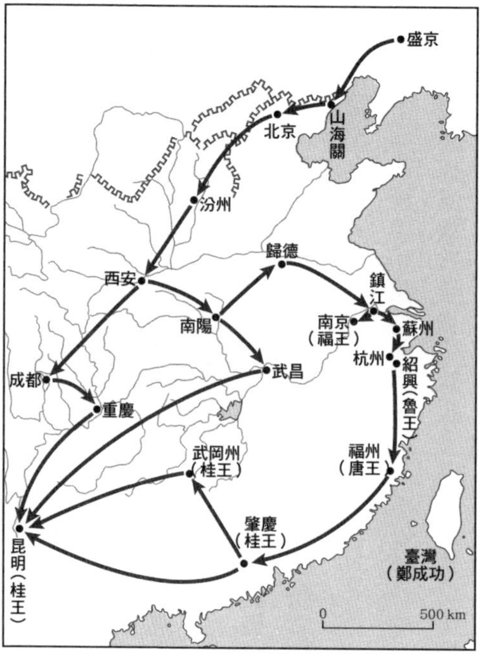

圖 5　清軍的進攻

南京陷落後，後明一族仍在各地自立稱帝，有從浙江逃往福建的唐王、魯王，在廣東被擁立稱帝的桂王等。唐王即位後，自稱隆武帝，但

圖6　康熙皇帝

很快就受到清軍的攻擊被俘而死。魯王則流亡廈門，受到海上勢力的庇護（後文會再敘述）。桂王即位為永曆帝，雖然一時在西南得以苟延殘喘，但最終仍難逃清軍的追擊。他逃往雲南深處後，接著又流亡緬甸，並在緬甸被捕，最後南明終告滅亡，完成了明清的交接，時為一六六二年。

這一年的國號是康熙元年。從一六四四年「入關」以來，率領清朝的攝政王多爾袞在執政六年後，於三十九歲時逝世。開始親政的順治皇帝，也在大約十年後，於二十四歲駕崩。繼位的康熙皇帝（一六六一—一七二二年在位）還是九歲的幼齡，領袖個個英年早逝，讓清朝的前途仍然相當多舛。

「三藩」

清朝的「入關」與明清交接，仔細思考一下，可說是相當於奇蹟。明朝當時在東亞可說是數一數二的大國，光是單純地比較人口數量，清朝甚至不滿明朝一億人口的百分之一。在經濟、文化等所有的面向，明朝也都凌駕於清之上。在這些物資壓倒性的差異之下，就算滿洲人、蒙古人再怎麼驍勇善戰，軍事面也不可能占上風。努爾哈赤當年就被擊退，皇太極也無法突破山海關。

然而清朝能取而代之、統治北京，可見明朝當時的政權和組織是多麼的疲乏與衰退。其中的徵兆就是從「流寇」到南明的一連串暴動。因此光是鎮壓這些衝突與對立，還不能算是完成了所有的課題。滿清花費將近二十年所達成的，充其量只是繼承「正統」，明清政權的交替，還無法完成現實中權力的整理與統合。他們並沒有完全掌握過去長期在明朝統治之下的漢人，接下來才是真正的關鍵。

眼下的焦點有陸地、海上兩個方面。首先在陸地方面，平定了南明之後，反抗勢力消失，但在華南仍有強大的勢力盤據，那就是所謂的「三藩」。三藩指的是雲南的平西王吳三桂、廣東的平南王尚可喜、福建的靖南王耿繼茂。

這三者都是在明朝末年，降服於清朝的漢人軍閥。我們曾在前面提過吳三桂，而尚可喜與耿繼茂之父耿仲明，皆是在「入關」以前為清朝所用的武將。在攻打流寇與南明的殘存抵抗勢力時，多爾袞主要命其麾下的軍隊進行攻擊，當年在緬甸捕捉到南明永曆帝的，正是吳三桂的軍隊。清朝封三者為藩王，雖說是酬謝了他們最大的戰功，但也算是破格的厚待。

儘管說藩、稱王，但他們並沒有獨立的領土或政府，長年以來他們指揮直屬的軍隊，轉戰各地，而清朝為了維持偏遠地區的治安，就依舊委任軍權，並持續提供財政上的援助。

這在實際上也是必要的。「流寇」、南明儘管已經滅亡，反叛勢力和反清的勢力卻沒有全部立刻消滅。勢必要有人處理這些殘存的勢力，而吳三桂等人的軍隊就擔任了這個角色。但要養為數眾多的軍隊，就需要龐大的費用。當時據說全國的稅收，有一半都花在「三藩」之上。

康熙皇帝的勝利

儘管南明就此滅亡，回復到往常，「三藩」卻仍然以藩王的身分據守華南。他們坐擁大軍，管轄內的人事問題也不允許北京置喙。其中尤其是雲南的吳三桂，擁有當代首屈一指的軍力與戰績，他的存在對清朝而言，儼然與割據、敵國沒有兩樣。

事實上，北京的政情就不是很安定。輔佐年幼皇帝的權臣，行事獨斷專橫、任意妄為，而且他們也沒有前代多爾袞的器量。畢竟也沒有能夠遵照的治理政績，康熙皇帝年紀也很小。但這種狀況也不是一時半刻就能有所改善的。經過了八年的屈居人下與忍讓，皇帝終於誅除權臣異己，奪回了統治的主導權。這期間，可想而知他並沒能處理「三藩」的問題。

到了一六七三年，局勢終於出現了變化。平南王尚可喜因年事已高，疏請歸老。接到這份請求的康熙皇帝，便下命令裁撤平南王府（尚藩）。其中的目的並非針對尚可喜本人，也非原定繼位的尚可喜之子尚之信，而是在「三藩」之中勢力最大、肆意妄為的吳三桂。

吳三桂本人自然也意識到了這一點。他深知青年皇帝的意圖必定是要撤藩，因此便憤而起兵。廣東、福建的另外二藩也舉兵響應吳三桂，是為「三藩之亂」。

這三藩不愧是漢人最強大的軍隊。吳三桂以連戰連勝的氣勢，從長江中

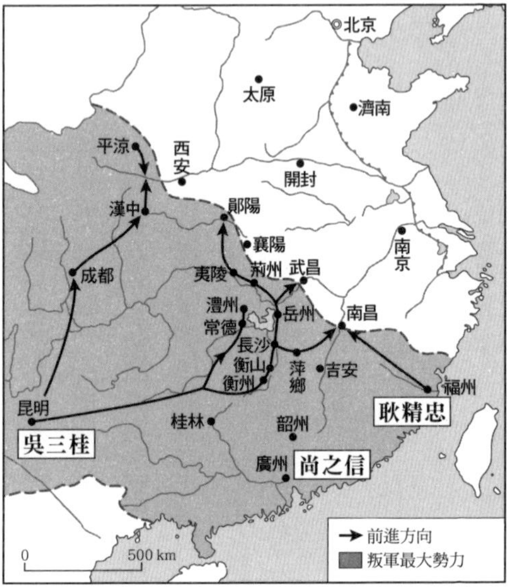

圖 7　三藩之亂

游北上，很快地北京政府就陷入了苦守的困境。然而終究因為年老、力有未逮，吳三桂消極退縮，最終仍舊沒有做出一舉進攻首都、占據經濟中樞江南的決斷。一出現持久戰的徵兆，反而對邊境、財力占上風的清朝有利。吳三桂最後還是無法進入岳州。

經過幾年的困境，忍辱負重的康熙皇帝轉而發動反擊，將「三藩」各個擊破。他首先拿下福建，其後廣東的尚之信也降服了。在吳三桂病逝後繼位的孫子吳世璠，受到了三方攻擊後，也從占據地撤退，回到雲南，最終受到包圍攻擊，於一六八一年自刎而死。

這場歷經了八年的大亂終於結束，而這也意味著從明朝末年以來，以「流寇」、「南明」、「三藩」等不同形式持續存在的各方割據勢力，終於消滅。至此，清朝統治下的中國本土政權，終於統一。

三、沿海——互市

鄭成功

在另一方面，海上持續有一股與清朝敵對的勢力，這股勢力的來源就是十六世紀四處猖獗的「倭寇」。

「倭寇」本身在十六世紀末暫時遭到鎮壓。當時整個世界翻滾著商業的浪潮，但明朝的太祖朱元璋卻固執於海禁政策，「倭寇」因此引發了紛爭與武力衝突。實際上，政府當局的海禁形式相當有限，在實質上是放寬了許多限制，只要換個形式，就仍然可以進行海上貿易的狀態。

但儘管如此，反抗大陸政權的海上武裝勢力並沒有就此消滅。當時具代

圖 8　鄭成功

表性的就是鄭芝龍（一六〇四—一六六一年）、鄭成功（一六二四—一六六二年）父子的勢力。

鄭芝龍是福建人，他是與日本人往來交易的貿易商人，擁有上千的武裝船隊。他將根據地從發跡的日本平戶移往福建的沿海，靠著與在臺灣殖民的荷蘭東印度公司進行貿易，累積了巨大的財富。他與平戶藩士女兒生下的兒子，就是鄭成功。

「入關」後的清朝向江南發動攻擊，南明的唐王、魯王逃亡福建，試圖倚靠鄭氏的勢力。但很快地，南明政權就發生了內訌，鄭芝龍看清這一點後，決定降服於清朝。但是其子鄭成功與父親分道揚鑣，不願歸順清朝，鄭成功擁戴以廈門為根據地，並統治朱姓一族及其集團的南明政權。

他掌握了東海的制海權，從海上對陸地發動攻擊，基本戰術就是奪回江南。一六五九年，鄭成功從浙江沿海北上，氣勢如虹，幾乎逼近南京，讓清朝快要招架不住。然而鄭成功最終仍無法維持戰線，只能從長江撤退。

為了重整旗鼓，在一六六一年，鄭成功驅逐了占據臺灣的荷蘭人，並將根據地移往此地。在往後的兩代、二十年間，使用著已滅亡的南明年號「永曆」，長年間讓清朝煩惱不已。

海禁的復活

清朝原本就沒有足以在海洋上作戰的兵力，因此對鄭氏勢力感到相當棘手。所以我們也可以說，清朝的統治勢力尚未遍及沿海。在南京好不容易擊退了鄭氏的進攻，但實際上卻需要更有效的對策。

順治末年，西元一六六一年，南明勢力幾乎被掃蕩殆盡，清朝試著徹底執行海禁政策。這次的命令不僅禁止沿海的貿易與漁業，也禁止人民居住在沿岸地區。沿海的居民都從海岸被強制遷居至內陸，被稱為「遷界令」。這種實質的大陸封鎖，目的當然就是為了切斷大陸與海上的往來，以孤立鄭氏勢力使之困乏。

雖說驅逐住在沿岸的人們，但海岸線非常遼闊，實行起來談何容易。清朝所抱持的危機感是可以理解的。然而無論採取了什麼樣的行動，都讓人看不出來究竟有多少成效。

同時，沒過多久在華南就興起了三藩之亂。沿海地區有很大部分是三藩的勢力範圍，恰巧也是遷界令的規範範圍。禁令無法徹底執行，想當然效果極為不彰。

然而鄭氏政權的處境則是更為艱難。鄭氏將根據地移往臺灣後，很快地在對大陸發動反攻時遭遇失敗，被迫放棄廈門，也失去了大半的船艦。除此之外，內部還有繼承權位的鬥爭，因此這股勢力最終無法東山再起。當三藩位居優勢時，那也就罷了，之後的反清勢力逐漸衰退委靡，不用說，在沿海的形勢也趨向不利。

降服

在東海上建立了一大海上王國的鄭氏政權，在一六八一年的三藩之亂被平定後，變得孤立無援，其存續自然也命在旦夕。接著掌權的是清朝的水師提督施琅（一六二一——一六九六年）。

施琅曾是鄭芝龍的部下，在親人被鄭成功殺害後，降服於清朝，並多次與鄭氏政權交戰。他是總攻擊的領袖，在廈門組織艦隊，於一六八三年突襲澎湖，幾乎奪走了鄭軍的所有戰力。

至此氣數已盡的鄭氏政權，只能無條件投降。他們占據的臺灣從此之後成為清朝的屬地。這是歷史上臺灣第一次受到大陸政權的統治，而此地的歷史也因此進入了另一個新的階段。

鄭成功過去被南明的隆武帝賜姓為明朝國姓「朱」，嘉許其對明朝的忠誠，他之所以被稱為「國姓爺」也是這個由來。不用說，這也是日本的戲曲「國姓爺合戰」（日本江戶時代劇作家近松門左衛門所作的人形淨琉璃歷史劇）的緣由了。

忠臣助舊主中興，完全就是日本人喜歡的題材，更何況鄭成功又是與日本人所生下的混血兒。這段故事摻雜著橫跨海外與異國的浪漫情懷，在明清這段對日本人來說毫不起眼的歷史裡，可說是最熟悉的歷史事件之一了。

北京長期以來對這個「國姓爺」的存在可說是感到相當棘手，但康熙皇帝對降服的鄭氏政權卻意外的寬大處理。因為他十分讚賞鄭氏自始至終堅決不改「反清復明」的態度，認為他是一位竭盡忠誠的明朝遺臣。

反覆

這或許是由於皇帝個人有著很深的感受，但當然也不能說他做了這樣的決定純粹只是感情用事，而是顧慮到了明清交接的正統性問題。為了要成為明朝真正的後繼者以統治漢人，這或許可以說是清朝不可或缺的一種演繹吧。

這個「正統」的問題，影響到漢人是否願意服膺於清朝，對當事人而言可是個重大的問題。儘管如此，前後的承接，問題都在於政治理念、意識形態，所以為了要探究歷史上的本質，光這樣解釋仍略顯不足，必須要試著從其他的角度來看。

鄭氏政權的確是打著反清復明的旗幟。當然眼前主觀的目的是如此。然而若把這股勢力放在一個客觀的位置上，會發現他們就是「倭寇」勢力的末裔，只不過是一個與明朝政權敵對的海上武裝勢力罷了。海與陸的競爭、陷入這種關係的原因以及該如何解決，一直都是明代以來的歷史課題。

明朝改朝換代進入清朝，敵對勢力也有所改變。但是「實行海禁政策的大陸」與「進行貿易的海洋」這樣的關係構圖，還是跟十六世紀的「倭寇」相同。我們還不如說，雖然對手或者外在形式有所改變，但海陸對立的狀況，到了十七世紀仍然持續著相同的局面。

這麼說的話，過去在明朝隆慶年間（一五六七—一五七二年）因武力鎮壓之後，隨著海禁的鬆綁而逐漸平息的「倭寇」，這段史實也有著相同的模式。其實只是對象或外在形式換了一個模樣而持續下去罷了。

同樣的，清朝在鄭氏政權降服之後，不再需要遷界令，很快地就解除了海禁。從此之後，沿海的華人得以外出航海，海外的人也能夠入港了，沿海的治安便逐步回復。

「互市」

到了這裡，「沿海秩序」這個前世紀以來的課題終於建立起來，而清朝的統治也終於抵達海上。清朝的制度在各地終於逐漸整備，成為後來被總稱為「互市」的形式。

「互市」就是交易、貿易的正式漢語。明代所有的對外關係，都是透過周邊國的朝貢所建立起來的，也就是「朝貢一元體制」，所以「互市」也被視為是和朝貢不可分割的行為。如果不是朝貢的「互市」＝貿易，就會被視為走私、不法交易，所以「互市」這個用詞也包含了這種負面的意涵。

過去的「倭寇」就是一個典型。但隨著鄭氏政權的降服，才終於得以合法化。然而權力恣意進入既有的民間貿易，介入、干涉，並全力地對貿易設立規範，反而招致了反抗，讓治安陷入惡化。清朝自己原本就是遼東的武裝商業團體，不用多說什麼道理，憑感覺就能明白其中細微之處。後來清朝允許想進行貿易的人在當地貿易，並盡量把管理規範交給對當地狀況較為清楚的管轄當局，想必也是出於這個道理。

除了在貿易的要衝設置稅關，收取貿易的回扣當作財政稅收之外，為了維持最低限度的秩序，也設定了規則，要求眾人遵守。反過來說，原則上北京政府、中央權力就再也沒有要求比這個更多的條件了。從後來海上、海外貿易不斷繁榮興盛的景象來看，這種做法也是最合時宜的了。

比方說面對過去最大的貿易對象日本，從大航海時代開始到明末清初，均有「倭寇」或出兵朝鮮等武力衝突，或是被稱為「乞師」、請求軍事支援的行動，這也是因為當時的情勢所產生的政治性關係以及對立關係。然而，彷彿與德川日本的「鎖國化」同步，清朝也盡量避免當局直接參與，政治性的關係便逐漸稀薄。大致上變成只有浙江的商人到長崎進行貿易的關係。

在東南亞也是相同的模式，大多是華人在海洋上往來進行貿易。後來有西方的商人來到廣州進行貿易，並在十八世紀後逐漸呈現正式化的趨勢。

四、草原——蒙古、西藏

噶爾丹

海陸兩方的中國，終於都回歸了清朝的掌握，也就是明清交接終於完成。然而清朝本身卻還沒有完成。

實際上，清朝就是偶然、順水推舟，由於僥倖而成為明朝的後繼政權。然而清朝原本其實是以明朝的鄰國而出發的其他政權。繼承明朝完全不是他們原本的目標，因此繼承這件事，也不能看成是展現清朝本色的一種現象。

除此之外，清朝也被視為是蒙古帝國的繼承政權。先不說滿清是否是正統、正當的繼承者，但滿清確實是滿洲人與蒙古人合而為一的政權。

蒙古人居住的草原廣闊無邊，有著許多部落與各自擔任領袖的王公貴族，並不是光由清朝或所有的蒙古人而組成的。在一六八〇年代左右，以地理上的範圍來看，與清朝合為一體的，也只有內蒙古的部分而已。反過來說，其他部分的蒙古，在當下和清朝並無關聯，當康熙皇帝正忙於壓制平定華南、沿海一帶時，漠北的草原世界上，則是逐漸出現了大的變動。

蒙古各部落可以大致分成東方與西方，在歷史上這兩方互相爭鬥，輪番興衰。在明朝的歷史中，在十五世紀中期的土木堡之變中打敗明軍、俘虜了明英宗的額森（？—一四五四年），就出身於蒙古的西部地區。十六世紀中期，阿勒坦汗（一五〇七—一五八二年）兵臨明朝首都北京，被視為巨大的「北虜」威脅，而阿勒坦汗就是出身蒙古東部的豪傑。從這兩個事件也可以看出東西之間的消長。到了十七世紀前半，這種權力抗衡又再度產生了東西的逆轉。當時西方的蒙古被稱為瓦剌，東方的蒙古稱為喀爾喀。

當時蒙古人的精神支柱是西藏佛教。大元大蒙古國的忽必烈開始了這個信仰，到了十七世紀中期瓦剌征服西藏後，達賴喇嘛五世（一六一七—一六八二年）即位成為教主，確立了格魯派的優勢地位，且格魯派直到今天在藏區仍有很大的影響力。瓦剌也因此獲得威望，氣勢旺盛，凌駕於喀爾喀之上。

但在這之間，在瓦剌的東邊又出現了準噶爾族的噶爾丹（一六四四—一六九七年）。他在誕生後不久，就被認定是在前一年過世的西藏佛教高僧（呼圖克圖）的轉世，他十三歲留學西藏（出家），拜達賴喇嘛為師。結束修行後，噶爾丹在一六七一年回到故鄉，收復了殺害他異母兄長的準噶爾族領袖，在數年間打倒敵對各族，最終收復了整個瓦剌，一統天山以北。他的師父達賴喇嘛五世賜予他「博碩克圖汗」（接受天命的王）的稱號，接著他便開始著手稱霸草原世界的行動。

圖 9　達賴喇嘛五世

他首先征服的就是位處西方的東土

耳其斯坦（突厥斯坦），這是在天山山脈的南北兩側、綠洲都市散見的突厥系穆斯林居住地。準噶爾趁著當地正在發生統治者的內亂，在一六八〇年以武力將其統治。從此伊犁谷地就成了準噶爾的根據地。

瓦剌準噶爾不光只是往西方擴張，他與鄰國喀爾喀之間的關係也越來越惡化，而這也引發了準噶爾與清朝的全面對決。

喀爾喀的爭霸

喀爾喀在一六六〇年興起的內亂，持續了二十年以上的時間。清朝的康熙皇帝相當恐懼被波及，因此積極地發動調停，甚至在一六八六年召開了講和會議。然而在會議席間，喀爾喀的西藏佛教高僧哲布尊丹巴一世（一六三五—一七二三年）坐上了與達賴喇嘛相同的席位，身為達賴喇嘛的弟子噶爾丹認為這是一種僭越，因此大為激憤，從此準噶爾與喀爾喀的關係正式交惡。

很快地，在一六八八年，噶爾丹的胞弟被殺，噶爾丹為了報復，率領三萬大軍對喀爾喀發動攻擊。戰敗的喀爾喀領袖向清朝尋求庇護，越過了戈壁大沙漠逃亡。打敗了喀爾喀的噶爾丹，幾乎統一了東起蒙古高原、西到突厥斯坦的整個草原世界的東半部，建立起一個大帝國。

康熙接收了喀爾喀的難民，而好不容易逃過噶爾丹南下追兵的哲布尊丹巴一世，以及喀爾喀的王公貴族，便被聚集在多倫，發誓對滿清效忠。在形式上，蒙古東邊已經全部在清朝的庇護下了。反過來說，康熙皇帝就成了喀爾喀的新盟主，必須要讓被噶爾丹驅逐的臣民們能回到舊領地。不這麼做的話，就無法名正言順地成為有領導力的盟主。

準噶爾因為內亂，無法回到原本在伊犁盆地的根據地，在一六九六年，康熙察覺此事，便朝準噶爾所在的蒙古高原發動親征，因為他判斷這是最好的時機。儘管花了兩年，分三路出擊，但康熙率領的司令軍卻沒有輕易地獲得戰果。然而另一支部隊在昭莫多打敗噶爾丹軍隊，成功將之擊退。噶爾丹自己也因為戰敗，不久後便身亡。因此阿爾泰山脈以東、今天的蒙古國便幾乎全部都歸為清朝的版圖。

「西藏佛教世界」

透過與噶爾丹的戰爭，康熙皇帝重新認識到西藏佛教的重要性。由於西藏佛教是蒙古人的心靈支柱，為了要統治蒙古人，信仰就必須同樣是格魯派的西藏佛教。也因此他對西藏佛教的興趣大為提升，這麼一來，就無法避免與準噶爾之間的對決了。

藏傳佛教的總本山位在拉薩。以觀音菩薩化身的達賴喇嘛為首，藏傳佛教的高僧都掌管了政治與宗教的權威。

十七世紀中葉，也就是明清交接的時期，正好與達賴喇嘛五世的時代重疊。清朝自「入關」後，大約過了十年左右，達賴喇嘛五世訪問北京，會見順治皇帝，將清朝定位為「大施主」，建立了良好的關係。在之後喀爾喀發生內亂時，達賴喇嘛也配合著康熙皇帝的腳步，致力於調停的工作。

達賴喇嘛五世與瓦剌的關係，除了達賴喇嘛的即位之外，還有更深的關聯。噶爾丹之所以能迅速地擴張自身的勢力，其中一個原因也是因為他是達賴喇嘛五世的弟子、藏傳佛教的高僧，擁有很高的權威。此外，噶爾丹率領的準噶爾與喀爾喀之間產生的對立，起因也是為了爭奪西藏佛教內部的地位。

達賴喇嘛五世圓寂後，攝政政權掌控了繼位的年幼達賴喇嘛，並支持與滿清爭奪蒙古霸權的噶爾丹。所以當康熙獲得勝利後，握有實權的攝政與清朝、準噶爾雙方的關係都惡化，並陷入了困境，因此西藏的權力鬥爭越演越烈。

在噶爾丹之前，準噶爾就持續與西藏維持著深厚的關係，因此也沒有袖手旁觀。準噶爾在一七一七年進攻西藏，廢除了滿清支持的達賴喇嘛六世。康熙皇帝發動反擊，擁立了新的達賴喇嘛七世，並在一七二〇年遠征西藏。準噶爾勢力遭到驅逐，西藏被納入滿清保護勢力範圍之下。

清朝將準噶爾的行為視為「破壞格魯派以及收到西藏眾生的申冤」，在另一方面，也將自己在一七二〇年發動的西藏遠征定位為「復興格魯派、回復西藏眾生安寧」，試圖正當化自身與西藏之間的關係。從此之後，清朝為了護衛達賴喇嘛，便駐軍並派大臣駐守拉薩，但是對於達賴喇嘛的政教合一，幾乎沒有插手置喙。對西藏來說，清朝的地位和過去相同，跟寺院之於大施主、大檀越是相等的。

就這樣，滿洲人、蒙古人與西藏人透過西藏佛教這個共通的紐帶被繫在一起。儘管各自有不同的統治領袖，但在同一個清朝皇帝與藏傳佛教之下，保持著不可分割的關係，也有人將這種關係以「西藏佛教世界」的概念來呈現。

五、鄰國——俄羅斯、朝鮮

清俄關係的形成

在與清朝爭奪蒙古草原霸權的準噶爾的另外一側，是俄羅斯帝國。這是在過去完全不存在的全新局面。

俄羅斯帝國在十六世紀越過了烏拉山脈後，就沿著毛皮交易的路線不斷往東前進。到了十七世紀前半、明朝即將滅亡之前，已經到達了極東。為了購買毛皮的俄羅斯人出現在黑龍江（俄羅斯稱之為阿穆爾河）流域，為了當作根據地，更建設了尼布楚與雅克薩。

這離滿洲人的舊地、居住地非常近。正因如此，清朝就算在「入關」後，也極為重視此地，未曾停止武力攻擊。一六六〇年，更驅逐了移居至此地的俄羅斯人。然而儘管此地人煙稀少，卻是毛皮的寶庫，滿清想要驅逐早已進入此地的俄羅斯人，卻一直不見成效。

除此之外，滿清此時忙於處理三藩之亂，根本無暇顧及此地。進入一六八〇年代，消滅了敵對勢力之後，康熙皇帝才又重新拾回黑龍江的問題。他建立了璦琿城，準備對俄作戰，在一六八五年，除了對雅克薩發動包圍攻擊之外，也提出希望透過交涉來解決的意願。

俄羅斯在一六八九年，回應了滿清的議和，在尼布楚簽訂了邊界條約。康熙皇帝以一萬大軍的壓力，成功獲得了有利的結果。締結的條約規定俄羅斯與清朝以額爾古納河、格爾必齊河與外興安嶺所連成的線為邊界。換句話說，就是成功把俄羅斯人排除在包含雅克薩在內的黑龍江流域以外，確保了滿洲人故地的安全，而取而代之的，俄羅斯人則可以派商隊前往北京進行貿易。

由於康熙皇帝的親征，噶爾丹的勢力瓦解，喀爾喀的王公貴族們對清朝效忠，並回到故鄉，因此清朝在蒙古方面就會和俄羅斯的勢力發生接觸。隨著這樣的狀況，當地的居民經常會四方逃散，而且俄羅斯政府每年向北京派遣的官營商隊，也迫使清朝承受不小的壓力。

俄羅斯在蒙古西北部、葉尼塞河上游地區採取了南向政策，清朝政府為了與之對抗，在一七一七年停止了貿易，向俄羅斯施壓。自此之後的十年之間，雙方進行交涉，最終締結了恰克圖條約。

在恰克圖條約中，不光只是劃定額爾古納河至薩彥嶺為清俄國界，同時也訂立了防止逃亡、越界者犯罪的相關規定、俄羅斯正教士與學生得以居住北京等各方面的內容。這麼一來，滿清與俄羅斯基本關係的框架大致底定，這樣的關係持續到十九世紀的後半。

作為「鄰國」的俄羅斯

清朝當時最大的敵方勢力就是準噶爾，因此對於北邊的俄羅斯，盡可能保持著和平安定的關係，希望不要把他們逼進準噶爾那一方。反過來說，若和俄羅斯維持良好的關係，說不定還可以放心讓他們對準噶爾發動攻擊。

恰克圖條約在一七二七年簽訂，當時清朝的皇位也從康熙皇帝遞交到雍正皇帝的手中（一七二二—一七三五年在位）。雍正皇帝即位後，雖然曾一時與準噶爾議和，但在與俄羅斯簽訂條約後沒過多久，也就是一七二九年初，就訂立了討伐準噶爾的方針，這也是因為與俄羅斯的關係已經穩定了的緣故。

清朝在一七三一年大敗於入侵蒙古高原的準噶爾軍隊，但是很快地就挽回了頹勢，重新戰勝。一七四〇年，雙方調解成立。雙方都意識到與俄羅斯的關係，並進行多次的談判，但最終仍無法界定明確的界線。直到此時仍無法解決彼此之間的對立。

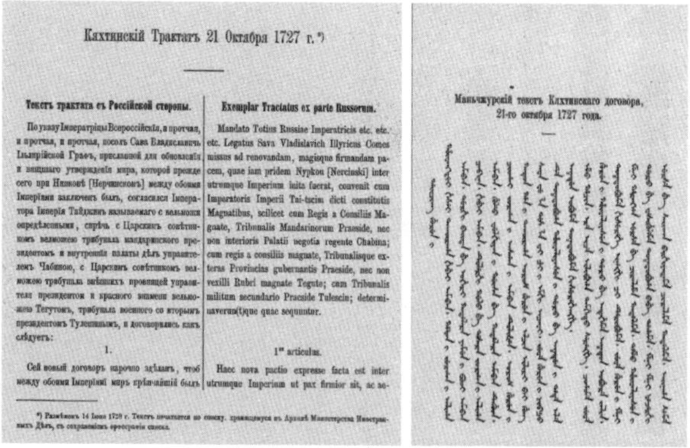
Кяхтинскій Трактатъ 21 Октября 1727 г.*)

Текстъ трактата съ Россійской стороны.

По указу Императрицы Всероссійскія, и протчая, и протчая, и протчая, посолъ Сава Владиславичь Ильирійской Графъ, присланной для обновленія и вящшаго утвержденія мира, которой прежде сего при Нипковѣ [Нерчинскомъ] между обоими Имперіями заключенъ былъ, согласился Императора Имперія Тайджинъ называемаго с вельможи опредѣленными, сирѣчь с Царскимъ совѣтникомъ вельможею трибунала мандаринского президентомъ и внутренніи палаты дѣлъ управителемъ Чабиною, с Царскимъ совѣтникомъ вельможею трибунала внѣшнихъ провинцей управителя президентом и красного знамени вельможею Тегутомъ, трибунала военного со вторымъ президентомъ Тулешиньмъ, и договорились какъ слѣдуетъ:

1.

Сей новый договоръ нарочно здѣланъ, чтоб между обоими Имперіями миръ крѣпчайшій былъ

Exemplar Tractatus ex parte Russorum.

Mandato Totius Russiae Imperatricis etc. etc. etc. Legatus Sava Vladislavich Illyricus Comes missus ad renovandam, magisque firmandam pacem, quae iam pridem Nypkou [Nercinski] inter utrumque Imperium inita fuerat, convenit cum Imperatoris Imperii Tai-tscim dicti constitutis Magnatibus, scilicet cum Regis a Consiliis Magnate, Tribunalis Mandarinorum Praeside, nec non interioris Palatii negotia regente Chabina; cum regis a consiliis magnate, Tribunalisque exteras Provincias gubernantis Praeside, nec non vexilli Rubri magnate Tegute; cum Tribunalis militum secundario Praeside Tulescin; determinaverun(t)que quae sequuntur.

1[us] articulus.

Haec nova pactio expresse facta est inter utrumque Imperium ut pax firmior sit, ac se-

*) Размѣненъ 14 Іюня 1728 г. Текстъ печатается по списку, хранящемуся въ Архивѣ Министерства Иностранныхъ Дѣлъ, съ сохраненіемъ орфографіи списка.

Маньчжурскій текстъ Кяхтинскаго договора, 21-го октября 1727 года.

圖 10　恰克圖條約

由此可見，俄羅斯和清朝之間的關係總是依滿洲人、蒙古人的情勢而改變，是個很特殊的關係。在這其中幾乎沒有漢人的參與，也不使用漢語、漢文當作媒介。尼布楚條約以拉丁文當作條約的權威版本，恰克圖條約也只存在滿洲語、俄文、拉丁文的版本。說到漢人、漢語開始參與領土國界的事務，則要等到十九世紀過後了。

清朝稱俄羅斯皇帝為「察罕汗」，並視他們為蒙古族的一支。這在蒙古語中，意味著白人的大汗（君主）的意思。而另一方面，俄羅斯也把清朝的皇帝以蒙古的君主、神聖大汗「博克多汗」來稱呼。清朝稱與俄羅斯的關係為「鄰國」，我們可以認為雙方的關係相當接近平等。

這個時候清朝以「中國」自稱。這個應該是將漢語直譯為滿洲語的用語，其中幾乎不包含漢語當中自大、至上的微妙意涵。這個用語是包含了滿、漢、蒙，並與其他地區做出區別的統稱性用語。在與俄羅斯幾乎對等的尼布楚條約中，也能很明確地看出這一點。

當然我們很難判斷現實中，雙方究竟是否對等。彼此之間會受到當時的權力關係所影響，或者是利用當時的貿易問題，清朝因此而占優勢。尤其到了十八世紀後半，這種狀況更為顯著。這是因為準噶爾滅亡後，立即的威脅已被消滅的緣故。

因此雙方的紛爭不斷，因交涉產生的爭執也接連不斷。儘管如此，俄羅斯與清朝之間還是維持了百年以上的「鄰國」關係，持續了大致上穩定的和平。這或許也是因為沒有摻雜了儒教的華夷、上下的價值觀，才能夠獲得的狀態吧。

鄰接與「屬國」

與滿清周邊相鄰的，當然不只俄羅斯。然而就算和俄羅斯一樣與滿清相鄰，彼此的關係，例如說朝鮮，就不能被稱為「鄰國」。如果要稱呼的話，應該說是「屬國」吧。

所謂的「鄰」，就誠如前述，包含了濃厚的「對等」的意味。這很可能是因為在漢語圈中，語彙的概念裡並沒有設想到這樣的關係，也可能是這樣的關係本來就很少見。因為儒教的思考模式就是一套以上下關係來維持人類世界秩序的價值觀。比鄰的國家若不處於敵對關係，就會被定位為「上與下」，比方說被稱為「上國」與「屬國」。過去就幾乎沒有出現像俄羅斯與滿清這樣的「鄰國」關係。

在清朝「入關」之前，東亞的狀態是明朝的「朝貢一元體制」。這樣的上下關係也是依循著華夷思想的秩序體制。而就像我們在前面所看到的，這樣的「朝貢一元體制」並不符合當時內外的狀況與趨勢，僵化的明朝政權最後因此走向了自我毀滅。

這麼一來，頂替了明朝的滿清，就不可能重蹈「朝貢一元體制」的覆轍。因為這正是在沿海或內陸，都引起了各種混亂的原凶，自建國以來就與明朝對峙對立的清朝，深知箇中的道理。除了朝貢關係之外，明朝絕不公認其他的外交關係，但卻容許了「互市」，就是一個典型。

儘管如此，也並非所有的鄰國都對明朝的秩序體制發動了挑釁。無論實際上內心感覺如何，也有一些國家表現得很恭敬順從，其中一個典型的例子就是朝鮮。

成為典型的朝鮮

朝鮮王朝是獨鍾朱子學意識形態的政權，其徹底遵守的程度，甚至高於正統始祖的中國。在儒教的世界裡，不只是個人，就連團體之間也只存在著上下的關係。比方說華夷之辨、對於「中華」與「外夷」的分別與稱呼，套用在國與國之上，就成為「上國」與「屬國」。朝鮮信奉這套意識形態，並且嚴格實行，儘管只是基於主觀上的，卻企圖成為一個無限接近「中華」的存在。因為他們除了一方面與中國王朝維持良好的關係之外，也可以成為接下來的「小中華」，藉此凌駕在其他的國家、種族之上。

這樣的自我認知，隨著明朝的「朝貢一元體制」逐漸成形穩固。也因此對明朝進行的臣禮、朝貢，就等同於朝鮮王朝對外界的自我認同。隨著十七世紀滿清的建國，比鄰而居的朝鮮因為被皇太極要求向清朝稱臣而苦惱，其自我認同因此面臨了危機。

清朝當然深知這樣的微妙心理。他們尊重朝鮮過去的朝貢關係，並且只要求朝鮮把朝貢的對象從明朝轉換成清朝。「入關」之後，滿清判斷不須再恐懼朝鮮與明朝會聯手共謀，因此也放寬了對歲幣與質子等朝貢物的要求。為了穩定與朝鮮之間的關係，滿清勢必是判斷不能完全否定明朝以來的華夷秩序與朝貢關係吧。不僅是朝鮮，面對順服於明朝秩序體制的其他國家，清朝也持續採用相同的朝貢關係，因為最終這還是最有效率的方式。

不過這樣的國家為數並不多。根據清朝的紀錄，在滿清入關之後，呼籲了各國朝貢，但響應的國家卻不超過十國。真正與清朝維持朝貢關係的國家，也只有距離非常近的朝鮮、琉球和越南而已。而這些國家之所以會這麼做，包含典型的朝鮮在內，都是因為各自有著既有的狀況與歷史。

因此儘管為數不多，卻並非不重要。關於鄰國與朝貢的關係，在之後的年代會更為鮮明。

第二章 轉換

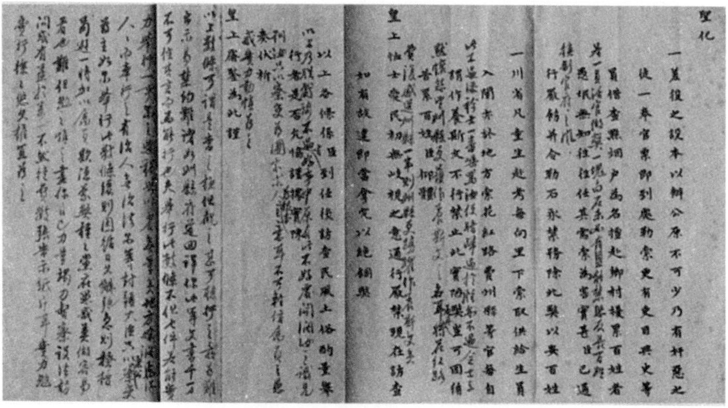

雍正時代的「硃批奏摺」（1726 年）

一、抵達——清朝的素描

清朝的時代性位置

東亞就這麼迎接了十八世紀的到來。比起一百年前的十六世紀末，其樣貌可說是大異其趣。而誠如前面看到的，這完全是因為清朝的興隆所造成的改變。其中有一半大致與康熙皇帝的治世年代相重疊。

在一七二二年皇帝駕崩之前，觀察一下清朝成形的版圖，大略可以分成兩塊。以方位而言，便是東南與西北，在這裡我們暫且分別將各自稱為漢語世界與蒙古西藏世界。

這兩塊土地的語言、文字不同，信仰、習俗也不一樣。畢竟這兩地就像是乾燥、濕潤的氣候一般，風土氣候與生態系都不同，游牧與農耕的生活習慣自然也不可能相同。然而時間久了，兩地可以成為截長補短、相互依存的關係，但也可能成為相互敵視的對立競爭關係。這兩者的交鋒，也形塑了自古以來歐亞大陸歷史上的動態。這甚至可以說就是亞洲歷史的本身。

清朝誕生在這個二元世界的東側，在東南的漢語世界與西北的蒙古世界兩者之間。它發展的過程與兩者之間都有很深的連結，最終也成為了統治兩者的政權。在這層意義上，它想必是繼承了我們在本系列第三卷中描述的歐亞東方史的傳統。

然而東亞這樣二元的世界，在大航海時代受到了來自海洋的衝擊，呈現出一種更錯綜複雜的型態。日本列島也發展成為令人無法小覷的勢力，滿清政權本身的存在，也是這種局勢下的產物。

進入了世界史上「十七世紀的危機」的時代後，多元的勢力終於得以並駕齊驅，演變成相互鬥爭的混亂狀態。康熙皇帝的偉業，更是憑藉著他天生的作戰才能、作戰的架式，與這些多元的對立共存共生。

儘管如此，滿清之所以能在一片混亂中取得勝利並存活下來，或許並非偶然，而是一種奇蹟。畢竟以同時代的集團來看，滿清並非強大的勢力。光看人口數量，不僅是大陸上的明朝，甚至連半島上的朝鮮都比不過，就算與蒙古比較也是如此。

面對著相繼湧現的困難局面，為了延續自身的生命而不斷拚了命的解決，這種累積就帶來了獨立與興隆。努爾哈赤的興起是如此，「大清國」的建國亦是如此。「入關」或許也是僥倖，統一喀爾喀與西藏，也並非打從一開始的目的，而是因為與準噶爾陷入了進退兩難的緣故。無論漢語世界、蒙古西藏世界，也只不過是「在結果上」被合併在一起罷了。

「因俗而治」

清朝其實對自己弱小的力量與立場非常有自知之明，也可以說滿清充滿虛心的自我分析與隨機應變的能力。而這樣的能力讓偶然、僥倖變成注定，產生出能夠統治整個東亞的資質，也讓滿清維持了三百年的長壽。

當時的東亞雖然能夠大致上分為東南與西北兩個區塊，但再仔細劃分的話，也是個很多元的世界。譬如明朝的歷史，就已經證明這些地方是無法統一用漢人和漢語的「華夷秩序」這種特定的秩序體系、統治原理來一視同仁並加以管理的。滿清憑著建國以來的經驗，對這點非常的了解。

如此一來，這個無力的滿清要如何統治這整個幅員廣闊的區域呢？至今對於個別的具體做法，仍然存在著許多未解之處。但是試著俯瞰一下，就能夠發現大致上共通的原理與態度。

我曾經使用過下面這樣的說法：滿清意識到這是個複雜的環境，以多重不同視角去面對，尊重各地原有的慣例。當然不同的人或許會使用不同的說法，但這種說法比較廣為人知且易懂。

另外一說是「因俗而治」。這是一個史料的用語，尤其是對於清朝的「藩部」，對於亞洲內陸的統治，在中文圈中經常會看到這樣的說法或表現方式。「因俗而治」，就是順應著當地的習俗、慣例去統治，想要表達的意涵跟我的說法幾乎沒什麼不同。

若要說更特別的表現方式，那還有「投入對方懷抱、軟語溫言」。這是過去學識淵博的安部健夫使用的說法，雖然我滿喜歡這個說法的，但或許太過獨特，反倒比較少被引用。這個說法原本是形容滿清統治漢人的方式，也表現出滿清一邊統治，但也為了要讓對方接受，而做出配合、妥協的態度與策略的實情。

如果不說「投入對方懷抱」的話，那麼這個說法就不僅限於漢人統治了。滿清對蒙古、西藏也是一樣，對「屬國」的周邊國或「互市」的海外各國，幾乎也沒有什麼太大的差異。

直轄與間接

換句話說，清朝非常貫徹現實主義，承認並容許現狀的存續，只要能接受，就盡可能地不加以支配或干涉。誠如前述，滿清將西藏交給達賴喇嘛政教合一的統治，喀爾喀蒙古則由一種稱為盟旗制度的部落組織來管理。滿清對於過去的基層社會都沒有插手，在這些地區都只設立了「昂邦」（駐紮大臣），從一旁監視。

而對於中國本土的漢人，滿清也是採取相同的做法，雖然幾乎完全承襲前代明朝的皇帝制度與行政制度，但對於基層社會卻幾乎沒有介入。

過去清朝對漢人的君臨統治，甚至曾被形容為「入贅」政治。儘管是不同的說法，但我們可以說實質內容跟「投入對方懷抱、軟語溫言」所要傳達的意思是一樣的。

不過說到漢人的狀況，並不只是像蒙古、西藏一樣，在重要地方設置昂邦而已。其管理方式是更大規模，且更細膩的。例如在日本世界史的教科書中，就一定會提到一種稱為「滿漢並用制」的中央政府制度。

這個制度與其說是在同樣的地位設置雙重的職位，還不如說是原原本本沿襲了明代的制度，並且在漢人的官吏身邊安置一個滿人，加以監視、牽制。如果只說這個原理，那麼不光是「滿漢並用制」這個系統，而是滿清統治支配所有漢人所用的手法。這樣的態度與目的，也同樣可以在西藏、蒙古看到。

然而東南與西北的做法與密度之所以會完全不同，也是因為漢人的人口數量眾多，既有的體制也因此較為複雜，有必要進行較完整的監視。站在清朝的立場上，說得更直接一點，就是因為不能信任漢人。

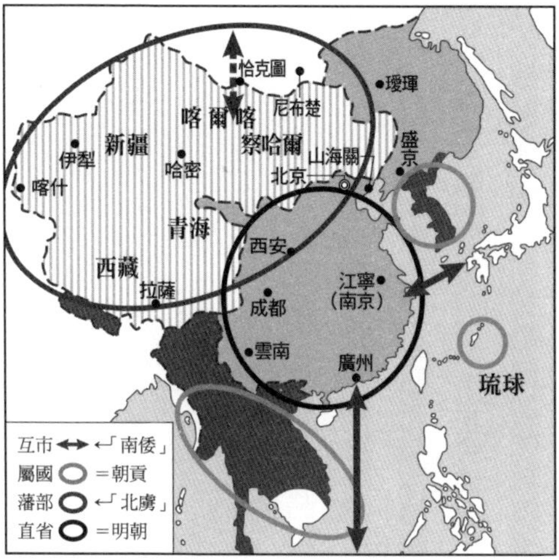

圖 11　清朝「因俗而治」的概念圖

教科書上看到的地圖，會把東南的漢語世界和西北的蒙古西藏世界用兩種不同的顏色作區別，說明大多會解釋前者是清朝的「直轄地」，而後者是「藩部」＝間接統治。例如〔圖11〕就是一般可以看到的地圖。

這兩者自然是有所不同的。然而如果用「直轄」與間接管理來表現的話，就好像是在說前者是正常、正規的，而後者是例外且應該否定的狀況。或許這種想法來自近現代的民族國家，但卻很有一種誘導價值判斷的可能，認為西北的「直轄」化、直接統治才是正確的。

看了前面的論述，〔圖11〕的地圖或許就成了一種誤導的說明。客觀來看，統治的型態與內容，在東南與西北確實有所差異。然而以清朝來說，其統治的姿態與原理卻是幾乎一致的。無論何者都是「因俗而治」，尊重當地既有的風俗民情。也因此圖上有加註其他的說明。

東南之所以會被視為「直轄」，是因為過去在明朝君主獨裁的官僚體制治理之下。而西北之所以是間接，也只不過是因為承襲了既有的蒙古、西藏的政治權力組織。回過頭來，明朝的統治究竟能不能稱為「直轄」，客觀地來看，也不得不加以質疑。這一點會在後面詳細說明。

二、雍正

康熙皇帝的評價

如同前面所見，康熙皇帝實現了多元共存，是清朝實際上的建設者與完成者。一個皇帝的治世，光是達到這個程度，就非常值得大書特書了。而且不光只是清朝而已。他在位的六十一年，以東亞整個區域的版圖來看，無論在時間或空間上都是史上空前的。康熙皇帝實現了這樣的統治，可說是少有的明君。

康熙六十一年的治世，不光只停留在清朝的黃金時代，事實上是中國的「更為廣大的亞洲君主專制最輝煌光榮的年代」，這是出自學識淵博的植村清二的評語，可說幾乎是一面倒的盛讚。植村最為讚賞的，就是康熙熱愛諸葛亮的「鞠躬盡瘁」，並且勤於政務、終身奉獻的精神。

康熙皇帝早在二十三歲就立了皇后所生的皇次子為太子，定下繼位者。

然而在皇帝長年的在位期間中，太子行為態度逐漸變得傲慢驕縱，甚至有人傳言他為了盡早繼位，便計畫要暗殺自己的父親。為此，一七〇八年（康熙四十七年）康熙皇帝當著文武百官的面，親自宣告廢了皇太子的位。對過去如此寵愛太子的皇帝而言，實為心痛的決斷。

然而很快的，眾皇子爭奪繼位的紛爭越演越烈，各自結黨結派，開始明爭暗鬥。康熙察覺此一事態，備感後悔，因此很快的又復位太子。然而立刻又出現了政變的風聲，皇帝大怒，並於一七一二年（康熙五十一年）再度逮捕皇太子並廢位，將太子囚禁於宮中。

對於這番廢太子的騷動，學者宮崎市定並沒有將之視為「小瑕疵」而輕輕帶過。

「儘管康熙皇帝被讚譽為明君，但在作為家人這方面，卻是非常失職的。」真是相當辛辣的評論。畢竟「夫天子以四海為家」，《大學》也提到「齊家、治國、平天下」，也就是說對「天下」的統治是從「家庭」延伸的，這在當時可說是基本常識。不光只是常識的問題，官員與君主的後繼者，不應該僅限於父子關係，而是政治體制、權力結構的問題。說得不好聽一點，宮崎市定雖然是在說「家人」、「家庭」，卻是對康熙這個只是「被讚譽」為「明君」的「天下」統治，特別烙印上了一個「失職」的印記。

從外觀來看，康熙的治世引領了清朝完成建設，然而實際觀看內在，卻會發現那是個派閥橫行與暗鬥不斷的年代。尤其是十八世紀之後，完成抵禦外敵、克服國難後，國家的內政如此紊亂，而太子廢位一事正好把統治的脆弱攤在陽光之下，因此才讓宮崎做出了這番看法吧。

「難治」的漢人

康熙自誇「能挽十五力弓，發十三握箭」，是位非常優秀的武人。然而他對學識也非常熱中，對於耶穌會教士帶來的西洋文化相當有興趣，不過他最熱中的還是儒教的朱子學。

他不但以統治者的身分進行大規模的書籍編纂等文化事業，自己也勤於讀書、汲取知識。他試圖成為一個不亞於漢人士大夫的知識分子。畢竟身為君主、天子，目標自然是成為一位傳統中華皇帝的典範。

當然這也是顧慮到對漢人的統治。他衣食節儉、勤勉政務、提倡清廉、減免稅賦，在實際的生活、政策上，也表現出理想的善行善政。這完全是意識到要符合漢人菁英領導階級、讀書人喜好的表現。

然而他卻似乎沒有仔細考慮到，這些舉動在整個社會當中，會有什麼樣的實際效用。所以說穿了，康熙皇帝的這些表演，都只不過是在迎合罷了。西洋的傳教士可以站在一個超越漢人、超越儒教的客觀角度上觀看，因此將皇帝評論為「貪得名譽」的偽善者。

不管是不是偽善者，得到漢人輿論的支持，「投懷送抱、溫言軟語」，都是清朝在統治上必須做到的事。以漢人、中華王朝的做法，若非是明君善政，就難以施行統治。其中康熙皇帝長達幾十年間，不屈不撓、堅持不懈地迎合，因此獲得了明君的評價。我們至少就應該說他君臨天下是成功的。

然而「君臨」成功和「統治」成功，或許不能畫上等號。歷史上曾有康熙本人親口說過此話的記錄，這在學界裡也非常有名：「漢人心不齊。如滿洲、蒙古，數十萬人皆一心。朕臨御多年，每以漢人為難治，以其不能一心如故。」漢人與蒙古不同，不能「一心」，且複雜而「難治」，也就是無法統治。這是一段記錄在《清實錄》當中的真實史料，發生在一七一六年（康熙五十五年）冬天，似乎康熙皇帝也知道自身的極限何在。

不過事實似乎又並非如此。根據柳澤明的研究，有一個名為「起居注」、更即時的史料。審視這段史料後，所謂躊躇不決，無法齊聚「一心」的，其實是一事無成的漢人臣子。康熙皇帝口中的「你們漢人」，怎麼看都像是在責備眼前的漢臣，而「難治」這個說詞也並不存在。就算「心不齊」、不能「一心」再怎麼相同，但「難治」的漢人百姓與無能的漢人官員，無論在文義還是脈絡上，都相差太大了。

圖 12　雍正皇帝

《清實錄》雖然是真實的史料，卻也是經過編纂之物，大有後來遭人變更的可能性。當然兩者的紀錄都有可能造假，但若非如此的話，那就只有可能是《清實錄》改變了紀錄，修改了康熙皇帝的言論。

《實錄》對各朝代來說都是重要的文書。像這種類似竄改的內容更動，絕對不能無視當時的政權或是君主之意。這麼研判的話，這樣的文字就很有可能或多或少是出於繼承了康熙皇位的雍正皇帝之意。

我個人則是認為，雍正皇帝是藉父親之口，判定了對漢人的統治已然失敗。宮崎市定辛辣的評論，其實也是體現了雍正皇帝的這番評價。

刷新

或許是由於廢太子一事讓康熙皇帝勞心勞力，他在還曆之年後積勞成疾，於康熙六十一年、一七二二年的年末崩逝。繼位的雍正皇帝是皇四子，那時已屆四十五歲。已邁入初老的雍正，長年在一旁觀察父皇的統治，或許心裡也有所打算了。即位後不久，就積極地展開了行動。

首先是整肅與自己競爭皇位繼承的兄弟們，以及其他皇親國戚，如隆科多、年羹堯等大臣。被抹滅的都是新任皇帝的親戚，也都是可能會牽制他自身權力、侵害其權限、妨礙其統治的政敵。兄弟與外戚極易成為爭權奪利的敵手，這是自古至今亙古不變的歷史鐵則。看看我們自己最熟悉的日本歷史，也毫無例外。

歷經骨肉相爭後，雍正的地位漸趨穩定，獲得自由的雍正王朝維持了十三年，直到一七三五年。雖然比起父親康熙、兒子乾隆的六十年治世，都要短得多，然而其政績卻有目共睹，重要性遠超過其父與其子，因為雍正年間的稅制、行政、人事、官制，甚至是對漢人的管理，都斷然實行了許多的改革。

為了避免俸祿微薄的官員違法加稅或挪用公款，視職務補償收入不足，支付「養廉銀」。在人事制度方面，任用地方官時，會加上實地的研修期間，使其熟習政務。軍機處的設立，也讓中央政府的決策能夠更靈活的呈現。祕密建儲制也是為了改善過去皇位繼承時產生的混亂。

這些都是前所未聞的清朝獨創制度，而創始者正是雍正皇帝。雍正治世的重要性可見一斑。

改革的定位

以上列舉的制度，都只不過是幾個代表性的改革。儘管改革涉及許多方面，不過方向性似乎是一致的，也就是都在追求行政的實務化以及政治的合理性。

對於生活於近代國家的我們而言，或許都是很理所當然的事，因此對於改變國家航向的雍正治世，或許會感到共鳴吧。然而重新思考一下，在當時的中國，這些可說是真正的改革，我們絕不能忽視這個事實的意義。

比方說從「養廉銀」的命名，就可得知當時的官員必須要培「養」「廉」潔的習性，換句話說，可以看出當時官員貪汙、中飽私囊的現況。如果所有官員皆是如此，那也意味著官員並不廉潔，而中飽私囊被視為普遍的行為，並不會被批評或者受到處罰。

然而今天的我們以及當時的雍正皇帝認為這種行為是違法、貪汙，這樣的想法在當時的中國看來，反而是非常不正常的。不光只是這種不法、貪瀆的觀念，在當時，就連「行政必須要合理且有效率」這種近代國家的最根本、最理所當然的條件，也是完全缺乏的。所以反過來說，能想到這些地方並且加以施行，反而是非常新奇的改革。

這樣的思考差異是極為重要的。滿清在統治漢人時，儘管很艱辛，但並沒有出什麼大錯，正是因為自覺到自身與漢人之間有這樣的差異，並持續維持著緊張感。光是論這種緊張感，致力於迎合的多爾袞與康熙皇帝的治世是如此，斷然施行改革的雍正皇帝亦是如此。

說到迎合，就要配合大多數人，因此只要照例採取規範性的行為即可。尤其是抱著自覺，有的時候制止陋習，有時會採取一些相應的措施。儘管如此，還是能夠沿用既有的制度與官僚機構，因此到康熙皇帝為止所施行的善政，先不論君主本人是否完全認同，但基本上是不太需要新的手段、政策與制度的。

然而雍正皇帝卻轉換了姿態，排除了過去康熙皇帝的迎合態度，挑戰了大多數的慣例與通則。這麼一來，就需要相應的手段與道具，而這就是「奏摺政治」。

奏摺政治

「奏摺」是文武百官、特別是地方官吏直接發給皇帝的文書，也就是親展的書信。雍正皇帝會直接以硃砂紅筆批諭後發還給寄送人。這個批諭被稱為「硃批」，目前仍留有許多「硃批奏摺」的歷史文物。皇帝透過這樣的書信往來，讓地方官員上報各自管轄地的詳細狀況，並個別直接回覆靈活的指示與訓誡（參見本章章名頁圖）。這雖然僅是一種義務的工作，且是一種非正式、私人的作為，但卻看得出背地裡新施政隨機應變、暢通無阻的做法。

當時當然也有正式的官僚機構與公開的政治措施，然而既有的組織儼然是墨守成規，想要實行違背舊習的改革時，就根本派不上用場。儘管光明正大地實行，也只會讓掌握既得利益的勢力不斷地抗拒或怠工，當時並沒有餘力去處理或排除那些對抗勢力，而且去處理也只不過是在浪費時間精力罷了。

也因此，雍正皇帝在實行容易受到抗拒的改革時，會刻意跳過官方的正式途徑，經過水面下的提案、試行、檢討後，再正式實施。有的政策會重新公布於正式的途徑，但也有並不化為官方、正式的施政，到最終都採取便宜行事的方式。雍正並不拘泥於統一固定形式的手段，而是隨著各種現實的狀況進行改革，這之所以能實現，也是因為利用了奏摺政治這種檯面下、非正式的途徑。

奏摺屬於私人信件，官員們能夠直接上奏雍正皇帝。也因此有人認為這是「獨裁君主」、獨裁政治的終極型態。我對這種說法並沒有太大的異議，然而雍正皇帝獨裁的奏摺政治，其實是一種實務主義、實地主義、在地主義。

因此不應該把這種「獨裁」扭曲成統一的中央集權體系。

三、極限

在地主義

清朝對於漢人的統治，從一開始就採取把實地的行政委託地方官員的方針。畢竟滿人是從關外進入北京的少數族群，一時之間要統治廣大的土地與眾多的人民，也只能這麼做了。

早自明朝開始，就曾設置總督、巡撫，以管理廣大區域的軍政與民政，監督各地的地方官員。清朝也利用了這個制度，在各省設置總督與巡撫，委任地方行政，而雍正皇帝的施政也沿用此一框架。

這麼一來，下到各省的總督、巡撫，都能直接與北京聯絡。因此對當地官員的掌控、任用，就只能間接性的透過總督與巡撫。若要改革當地的行政，首先就必須要完全掌控總督與巡撫，才能對其部下自由地下指導棋。

雍正皇帝為了按照自己所描繪的藍圖進行改革，徹底執行了這樣的在地主義。他會刻意跳過當地各大狀況較不明朗、且有可能會妨礙自己權力行使的既有官府，直接與總督巡撫聯繫，他不問是滿人還是漢人，知人善任，視其為自己的直屬代理人。藉此強化地方的實務委任、作決斷，並使這種做法扎根。

若奏摺政治的目的在此，那麼隨著這個政策的開始與執行，實際行政權力的比重自然就會傾向各省的地方當局。只不過當時以及後世並沒有輕易地發現這一點。

任何事物皆其來必有自。雍正皇帝的這番施政，先不論他本人有多少自覺，但也是有所來歷的。

危機的自覺

回溯到過去的明朝，中央無法直通地方的狀況，只是反覆單方面的權力行使，強制執行統一性的政策，為各地帶來了許多混亂與弊病，造成中央與地方、政府與民間的意見相左、人心背離。如同本系列第四卷所提到的，發生了「礦稅之弊」，而「北虜南倭」的現象亦然。我們甚至可以說明朝整個政治系統皆是如此。既有的制度與體制已走到了瓶頸，讓十七世紀的明朝活生生地走向自我毀滅。

心向著同時代的漢人知識分子，遭遇了這樣的局面，不得不重新審視當時的事態，並同時思考解決對策。明朝的滅亡不光只是一個王朝、政權的交替這麼單純的情勢，而是關係到自身所屬文明的存亡危機。從「神州陸沉」與「亡天下」這些表現來看，他們的結論似乎也在沉痛地訴說著，過去一成不變的君主專制、官僚體系已經無法再維持統治的狀態了。

誠如第四卷中的論述，名為黃宗羲（一六一〇—一六九五年）的大學者，呼籲明朝的皇帝制不應該將天下視為自己私有的產業，並疾呼君主的公權化，以及甚至是非常類似民主主義的思想。在隨後二十世紀的革命高潮中，他之所以會被稱為「中國的盧梭」，也是其來有自。

同樣是大學者的顧炎武（一六一三—一六八二年），則更進一步具體指出官僚體制的僵化與萎縮。他指出，在當地與百姓、社會接觸，實際行政的「小官」若為數較少，則會導致無法實行民治的狀態。他同時也批判了當時為了監察官員的不公正與違法，而不斷增加「大官」的現狀。他認為這種立大官的現象，並非防患未然，只不過是在處理當下的問題罷了，「小官多者，其世盛；大官多者，其世衰」。因此他提倡「寓封建於郡縣」，重新改革地方自治。

嘉靖、萬曆年間的內憂外患、天啟年間的東林黨爭、崇禎的滅亡，受到明朝末年的弊政、大亂之影響，中國各地出現了各方權勢與仕紳抬頭。這也是在第四卷中不時登場的紳士、鄉紳、高中科舉的各方菁英人士。君主專制、官僚體制無法管理民間社會，這些人士就取而代之，擴展勢力維持地方的秩序。這些勢力原本對政權就並非採取一貫順從的態度，或許也可以說是「北虜南倭」的中心人物。

政府當局想要掌控統治盤踞在各地的眾多鄉紳，在實際上就是一件很困難的事。因此明朝只能在廣大的範圍之內，建立一套總體而言大家都不會違背體制的框架。

讓鄉紳在各地取代「小官」的作用，而增加了許多中央指派的「大官」來監視下級，因此就造成了明末清初在各省增設總督巡撫的「衰世」史實。

明末清初

清朝原原本本地繼承了明朝末年的這套政體與體制。或許並非出於本意，但黃宗羲與顧炎武所呼籲的體制改革，對於面臨現實處境的滿清來說，根本在討論範圍之外。

畢竟要要求清朝這麼多，實在是太苛求了。滿洲人無論在數量、組織、經驗上，想要從根源徹底改革漢人有悠久歷史的制度，那實在是力有未逮。以當時滿清的立場來看，或許只是克服當下的困境、收拾眼前的混亂，並延長自身的壽命，就已經用盡力氣了。

就連當時政治力最完備的滿清，也不過是如此而已。在野人士就算再怎麼博學多聞、精闢針砭時事，他們的改革論究竟又有多少的實踐性呢？說得容易做起來難。若只是紙上空談的言論思想，那就是不負責任。

總之當時滿清的選項，只有活用當地既有的制度與慣例「因俗而治」。儘管這是最合時宜的做法，但同時也是不得已而為之的選擇。

這並非僅限於面對明朝的漢人，對蒙古、西藏也是如此。儘管無力，但相當敏銳且冷靜地審視著彼此的權力關係，也是清朝獨到的對應方式。

選擇這個選項，儘管無力卻仍盡最大努力，也帶來了預料之中最好的結果。清朝在東亞各地統治的成果非常顯著。對蒙古西藏的統治可稱得上是成功了。而對漢人的做法也是共通的，滿清平定了明朝末年的紛亂，回復和平，也算是政績之一。因此康熙的多元共存，也可算是實現了。

然而克服了「十七世紀的危機」，父皇鞏固了清朝疆土的版圖後，映在雍正皇帝眼中的，則是與黃宗羲、顧炎武所說的「沒什麼太大差異的『衰世』」光景。畢竟明君康熙皇帝將漢人視為「難治」，採取了「因俗而治」的迎合做法，承襲自明朝以來的官僚制度，卻宣告失敗而終。

徒勞無功的獻身

或許出於忍無可忍，雍正皇帝決心改革。然而又不能輕易地改變從先祖繼承而來的既有框架，或許是因為就算有改變的意願，也沒有足足以改變的政治力量吧。

也因此，他刻意不更動既有的體制、組織，讓「因俗而治」維持原樣，在檯面下用奏摺政治進行改變「衰世」的實際行動。他時時致力於蒐集各地具體的資訊，企圖對症下藥，而這也是一種透過雙重政治的治療方式。然而這種做法必須耗費莫大的時間與精力，而這樣的負擔重重地壓在皇帝身上，影響了他的生活與健康。

雍正每天清晨四時起床，六時開始接見文武百官，執行公開的政務，直到下午。一般約晚間八點就寢，但皇帝為批答奏章，經常工作到深夜，可說是勤勉無比、刻苦勉勵、粉身碎骨。

這般獻身的治世，讓雍正在一七三五年駕崩，享年五十八歲。以現代的角度來看，都還不到還曆之年，正值壯年，可說是英年早逝。或許是因為過勞所致吧。

然而他的一番改革事業，以後世長期的角度來看，卻是化為了烏有。儘管出於帝王的善意與努力，卻只能以悲劇告終。誠如宮崎市定所言：「能獲得回報的努力不過只是少數，有時甚至還會出現與預期完全相反的反效果」。

對症下藥再怎麼說，也不過是治標不治本。然而若對症狀沒有不間斷的處置，還是會讓病症再度發作。而不可或缺的檯面下的雙重政治，卻只是出於雍正皇帝個人的意願與才幹，若換了一位皇帝，就不可能實現，不管怎麼說，都是僅限於雍正治世的做法。

我們無法否定雍正皇帝與其時代的重要性。然而他所想望的政治成果，卻失去了其意義。在往後的一百七十年間，歷史又回到了過去的「衰世」。這對清朝與其統治之下的百姓，究竟有著什麼樣的意義呢？

第二章

盛世

乾隆皇帝

一、乾隆——其人與時代

乾隆帝

根據宮崎市定的研究，要是雍正皇帝如此知名，一般人應該不會再以為雍正皇帝不是清朝的皇帝才對。然而說到清朝，人們一定會想到「康熙乾隆」，而錯把雍正誤認為是「明朝的年號」，甚至毫不遲疑地公開發言，可見「康熙乾隆」這個用詞多麼膾炙人口，而讓人幾乎忘了雍正皇帝的存在。

這當然是由於後代的乾隆皇帝（一七三五—一七九六年在位）有很大的影響力。父親若是越偉大，儘管說是賢不肖，一般身為兒子的心情就越是想抵抗。雍正皇帝對於康熙皇帝也是如此。

當雍正皇帝駕崩，乾隆皇帝即位後，很快就做出了反動的行為，提出一些違反上一代執政方針的意見。這種言行舉止，換句話說就等同是對自己父皇的批判。

然而這並不僅止於乾隆皇帝本人。不少官員、當權者，都對雍正時代的改革與整肅感到疲乏或抱持不滿。我們可以把乾隆皇帝本人，看作是代表這股情緒與動向的象徵。

但是雍正改革所建立的既有制度，也不能說改就改。因此養廉銀與軍機處仍然存續。然而在改革時曾經不可或缺、極為靈活的檯面下的「奏摺政治」，也因為只有雍正皇帝得以執行，因此儘管留存了下來，卻也被公開，成為一般的公文書往來。

以小觀大，雙重政治被官方的官僚機構所吸收，過去對症下藥的改革也在不經意間消失了。乾隆時代消極、負面的變化與回歸，也意味著對父親的反叛。也就是說，雍正為了克服康熙年間的問題所做出的事蹟，在乾隆年間重新遭到了否定。

乾隆皇帝對於自己的祖父康熙皇帝過度的意識，從他在位六十年間不斷地巡幸江南，就可明顯看出是在模仿祖父的作為。他對父親的無感、抹煞，幾乎是站在對立面，這也是會出現「康熙乾隆」這種時代概念的緣故。

「康熙乾隆」這個用詞，也可以說是出自於漢人菁英之口，他們厭惡嚴肅的雍正時代，因此「康熙乾隆」一詞，並非只是客觀地排列有連續性、同質性的時代而已。這很明確地帶有主觀的意味，在陳述著「乾隆皇帝意味著康熙皇帝的回歸與祖述」，更進一步而言，也包含著優越感。

這樣的乾隆時代的確是「盛世」，被稱為清朝的黃金時代。從一七三五年開始，超過六十年以上的治世，編纂了四庫全書、達成十全武功，不斷進行大規模文化事業與軍事行動，是一段輝煌的年代。

要對這些一一追尋，實在有些繁雜。在這裡，就讓我們把重點放在帶來這段「盛世」的主要原因，俯瞰一下十八世紀吧。

從康熙的通貨緊縮到乾隆的通貨膨脹

乾隆皇帝本身就是個奢侈的化身。今天故宮博物院聞名遐邇的美術工藝作品，就是乾隆的收藏品，除此之外他還建設離宮、多次大肆鋪張地微服視察，浪費鋪張的行為不勝枚舉。宮崎市定一向對雍正皇帝傾心，他對乾隆皇帝的評論便是：「竟然做得出如此毫無節制的奢侈行為啊。」

相較之下，乾隆的祖父康熙皇帝，則是極為吝嗇節儉而惜財的。的確這關係到每個人不同的個性，不過這不僅是因為皇帝個人的偏好，這正好可以代表整個時代。

儘管簡潔地說「康熙乾隆」，但其實在西洋曆法上，這段時期橫跨了兩個世紀。「康熙」大致上是十七世紀後半，「乾隆」則相當十八世紀的後半。若要形容各自的年代，前者是戰亂、不景氣，後者則是和平、景氣的年代。要說皇帝的人格特質也好，這兩者都呈現了完全相反的樣貌。

究竟為什麼會如此呢？為了要更加理解乾隆時代，首先就必須仔細考察康熙的年代。

我們在先前已經提過，康熙年間，也就是十七世紀後期，處於一片內亂未定的狀況。隨著這樣的狀況，經濟也十分消沉停滯。以當時的用語來說，就是「穀賤傷農」，作物價格過於低落，造成農民生活的困苦。由於穀物與農民占了商品與人口的大多數，因此整個社會的景氣就因物價低落而導致窮困，陷入通貨緊縮的狀況。

然而康熙皇帝的個性穩健剛毅，當時的政府在天子的號令之下崇尚節儉，也造就了清廉正直的「清官」輩出。要是當時是狡猾之人多的漢人社會，或許會是金玉其外、敗絮其中吧，不過當中也是有相當清貧的人。

儘管節約、不鋪張浪費，的確只不過是個人的美德罷了，然而站在政府、社會的角度，這也意味著緊縮財政，減少財政的支出。逐漸的市場上貨幣、制錢不再流通，更加速了通貨緊縮。

這個時期，滿清為了與占據了廈門與臺灣的鄭成功海上勢力進行對抗，實行了海禁與遷界令，當然也不能進行公然的貿易。然而當時的對日貿易逐漸衰退，正值戰國時代到江戶初期的日本，是當時世界數一數二的金銀礦出產國，一直以來都以中國為主要的貿易對象。儘管日本開始執行「鎖國」，但短期間之內仍舊沒有太大的變化。而到了十七世紀後半，彷彿是與海禁同時並行一般，清朝也大幅減少了與日本的貿易。

戰亂、通貨緊縮與貿易限制。康熙年代的這番景氣要獲得轉換，必須等到一六八〇年代。鄭氏政權降服滿清，海上威脅終於消失後，在康熙二十三年（一六八四年），才廢止海禁，正式承認貿易的進行。自此終於可以由大陸出發航行，也接受海外的船舶來航，也就是「互市」的開始。

隨著這樣軍事、政治的局勢轉變，誠如〈圖13，一一四頁〉所示，我們可以看見經濟景氣的變化。很快地在十七世紀末期，物價低落的狀況得以緩解，轉為穩定。到了十八世紀前半，逐漸的出現了通貨膨脹。康熙、雍正的治世，讓原本處於谷底的景氣，終於邁向回復的局面。

而十八世紀的後半，則進入了乾隆的年代。在這個時期裡，物價不斷地往上升，持續通貨膨脹的好景氣。奢侈的習性不只停留在乾隆皇帝一人身上，而是整個社會的風氣，也反映了當時的經濟狀況。

考據學

當時流行的文化與學術，也與這樣的風氣十分符合，那就是考據學。考據學提倡「實事求是」，風靡一世。一直到十九世紀初期，都是考據學的鼎盛時期，因此也有人將乾隆與下一個年代的嘉慶兩個年號合在一起，稱之為「乾嘉之學」。

所謂的考據學就是正確的閱讀古籍，因此學者會盡量蒐集網羅與古書出現相近年代的資料，加以對照，並證明文字的錯誤或加以訂正，是一門相當科學的學問。所有相近的年代都是漢人的王朝，而研究又主要以這些年代的文獻為大宗，因此考據學又通稱為「漢學」。

說到清朝最大的文化事業，那就是十八世紀後半、乾隆時代編纂的「四庫全書」了。四庫全書是當時徹底蒐集了全國各地所有的書籍，徹底調查後編纂刊行的一大叢書。為了完成這項龐大的工作，動員了當代一流的學者，在編纂的過程當中仔細地考察各種書籍的內容，並製作目錄、解題，而這種手法正是當代流行的考據學。

大量蒐集資料並逐一驗證考察的治學手法，必須耗費龐大的人力精力與金錢。不要說是政權主宰、也就是「國家事業」的四庫全書了，就算是私人層級想要進行考據學，也非常勞民傷財。

這種考據學能夠興盛，也就證明了十八世紀的社會狀態，景氣是非常好的。絕非富裕的學者們，受到了政府、商人的援助，得以投身於考據學。四庫全書包含解題的「總目提要」，以及全書大量的著述，囊括了許多至今仍十分有貢獻的學術性成果。

讀書人的方向

事實上考據學在明代就已然萌芽，到了明末幾乎逐漸成形。當初的目標是透過考察探究古書典籍，希望對現實政治達到「經世濟民」的效果。

十六世紀以後，地方民間逐漸擴展力量，明代的文化漸漸追求廣泛的教養與娛樂，傾向通俗化與實用化，讓老百姓也都能接觸。白話小說《水滸傳》、《三國演義》以及實用書《天工開物》、《農政全書》等，皆是現代也相當知名的讀物，從這些書籍就能看出當時的狀況。

就連屬於高尚哲學的陽明學也不例外。陽明學又被稱為「心學」、「講學」。有一派認為在日常生活中即存著道，主張向自己的心裡內求、以口述講會的形式學習，就能成為聖人，他們認為就連不識文字、不會讀書的百姓心裡也都存著教義。其中，出現了一位認為「不能以孔子之是非為是非」，否定儒教規範與權威的學者李贄（號卓吾，一五二七—一六〇二年）。

由於當時是一片實用、實踐主義的風潮，在政治思想上也提倡對現實政治有作用的「經世致用」。正確理解現實的實證主義，也在這個時候開始興盛起來。政治思想必須依據經書與史書，所以有必要正確解讀其內容。

實證主義、「實事求是」的考據學，就是來自必須切實應對現實狀況的時局。因此把眼前的外敵滿清當成目標的攘夷思想，也充斥在這個年代裡。前面提到十七世紀的學者黃宗羲與顧炎武，是其典型人物。

就連孔子都可以質疑了，抨擊滿清等外夷也是理所當然的了。然而這種過度激進的思想，進入清朝的統治之下後，就急速地淡化了。

文字獄

為什麼會出現這種現象？「攘夷」思想反倒比較知名又易懂。文字獄被認為是清朝思想統治、箝制言論所出現的產物，這個說法還算令人能夠理解。控制言論的筆禍就可以視為「文字獄」的代表。只要出現違背當局的意識形態、包含了誹謗當權者的言論、表記、意圖的著作、出版，都會被抹滅封殺。

這絕不是清朝才出現的現象，而是歷史上不斷重複上演的事件。現代的中國也不例外。然而之所以會在清朝出現得特別頻繁，則是因為漢人的讀書人對滿洲人、對清朝有著根深柢固的攘夷思想。侮蔑滿洲人、誹謗清朝的言論，會成為政府統治時的障礙，因此不得不加以取締。而史書、詩詞甚至科舉的考題都是檢舉的對象。

在「入關」後開始進行統治時，漢人的敵對與反抗也特別強烈，或許是對此太過恐懼，清朝當局也變得有些敏感，甚至變得歇斯底里。連有人寫出「夷」這個字，都感到顧忌，只要出現違反者，就會對其處以極刑加以威脅。這或許也是對自身政權缺乏自信的一種展現吧。在康熙初期，就對數十名文人處刑，而連坐者更是不計其數。

漢人士大夫應該對此極為驚恐，因此而衰減了氣勢。然而因應這番鎮壓，不斷重複批判檢舉他人的，也是這些飽學多聞的讀書人；在撰寫著作時，寫出一些揣度推斷、奉承諂媚文章的人也是這些讀書人。光是因為滿清的統治與鎮壓，就說這造成了言論思想的扭曲，或者是由於「異族」的統治而被壓迫，這樣的說法或者太過片面了。甚至可以說這是因為民國以後的「民族主義」、中國仇外情緒所下的偏頗評價。

學術的歸向

不光是清朝的「文字獄」，往前回溯，提倡新學術的李卓吾被捕入獄，最後憤然自殺，其學派被大多數的漢人士大夫視為「心學橫流」，遭到抨擊與批評，這與清朝或滿洲人一點關係也沒有。無論是其態度、事情的來龍去脈或結果，都和「文字獄」的狀況沒什麼太大的差別。只不過是受到抨擊的對象不同，但奉承迎合多數人、當權者的狀況，卻是完全相同。所以應該把這種現象視為讀書人的個性或者漢人社會的問題。

在考據學興盛的清朝年間，所有的人都只進行考據學，社會上蔓延著一股蔑視其他學術派別的風潮。而這種順應潮流、趨炎附勢，視野狹窄且對異端的不寬容，也是漢人士大夫所顯示出來的性格。

考據學若要導出一定的結論，就必須透過資料的蒐集考據、批判驗證等龐大的工作與手續。其中有許多「缺乏證據不足以信賴」、「不能只憑單一證據」等各種戒律。為了達成這些手續，必須要投注巨大的精力。

不過反過來說，只要能克服這些過程，就不見得需要深度的思考或高超的見解，不需要難解的觀念、理論或教條。說得極端一點，只要擁有可以廣泛蒐集書籍的經濟與時間上的餘裕，有可以懂得書籍字面上意思的知識水準，不論賢愚，任何人都可以進行這門學問。

考據學原本是出於經世致用、切實的實學，但卻淪落成恰好的明哲保身手段。當時在一般讀書人之間，考據學之所以會流行並為之擴散，是有著這般的條件與背景。

不過對滿清而言，只要對自己沒有敵意，那麼就不會去壓制考據學。或許也是因為比起淪為紙上空談的宋明理學，「實事求是」、實證主義的考據學，更符合個性直率的滿洲人吧。

而且考據學還有削弱漢人抵抗力的效果，因此被活用在政治上。比方說四庫全書的編纂，就大量動員了從事考據學的學者，除了給他們得以餬口的工資之外，同時也希望搜查、檢閱並揭發包含了「攘夷」的思想，以及會阻礙清朝統治的圖書。為了馴服漢人的知識分子，這也是恩威並濟、軟硬兼施的一環，也只不過是「文字獄」的另一種形式罷了。

二、經濟

「倭寇」、鄭氏與中日貿易

總之在乾隆的時代裡，清朝乘上空前的景氣大浪，並且將漢人士大夫皆馴服。俗稱「乾隆盛世」，尤其知識分子在經濟與文化層面，更是享受並高唱著這番「盛世」。

那麼營造這番景氣與「盛世」的原動力，究竟為何呢？畢竟被稱為「康熙乾隆」，我們還是有必要先從康熙時代看起。誠如前面所述，康熙年間並不景氣，同時出現戰亂與貿易的限制。但這些負面因素消除了之後，自然就會轉向脫離不景氣的方向。

在這一片通貨緊縮的不景氣當中，最讓人深感的就是商業不振。百姓皆感嘆，儘管生產了物品卻賣不出去。那麼為什麼商業會停滯呢？因為無法引起需求。那這又是為什麼呢？在當時都認為，這是因為貿易的缺乏與限制。

這般景氣的樣貌或許可以追溯到明朝。無法進行貿易會對經濟活動帶來阻礙，因此民間對此相當反感，不斷地對當局限制、禁止貿易的政策發動抵抗。因此出現的武力衝突就是「倭寇」，或是「北虜南倭」的騷動。明朝政權對經濟的統制是失敗的，而這些狀況也不過是如實地呈現了這些體制的破綻。

然而新興的清朝，相較於明朝是一個更有能力與才幹的政權，有著強大的政治力與軍事力，有必要的話，是能夠全力阻斷交通的，而事實上滿清也實現了這點。十七世紀後半的海禁，就是其表現。當然我並不認為這個措施是全面性的成功，滿清也為「倭寇」後裔的鄭氏政權所苦。但是像上個世紀「倭寇」所帶來的持續性混亂，卻沒有在清朝再度出現。

清朝的確強大，不過鄭氏政權也很強大。因此以政治紛爭而言，沒有陷入如同上個世紀那番長期持續性的混亂，也是好事一樁。然而其中有一個更大的要因，就是中日貿易的衰退。

過去稱呼的「倭寇」，雖說是「倭」，但並不一定都指日本人。然而倭寇卻的確是把「倭」（也就是日本）產出的金銀礦帶進中國的人們。因此毫無疑問的，貿易往來的擴大超越了紛亂的規模。對中國貿易而言，日本列島的存在就是如此重要。

景氣的變動

然而世界少數以金銀礦為傲的日本列島，礦產也逐漸開始枯竭。因此到了十七世紀後半，中國與日本的貿易也隨之減少。這樣的推移恰巧也跟大陸不景氣的深化同一步調。

這樣的不景氣在十七世紀末，由於清朝廢除海禁，很快就獲得緩解。由這樣的變化來看，很明顯地中國的景氣是被貿易的消長所左右的。

事實上，並不是因為恢復了與日本的貿易，才回復過往的盛況。日本對中國的出口，其後轉換成銅礦及海產等有需求的商品，然而這股衰退的趨勢，則一直持續到了十九世紀末期。尤其是對中國的白銀出口，在康熙年間通貨緊縮平息的前後，就幾乎已經停止了。

與日本的貿易到了十八世紀以後就持續衰退，不過與東南亞、印度的貿易卻呈現穩定上升的趨勢。雙方以彼此的特產茶葉、磁器與香料、木材、穀物、棉花等進行交易，到十八世紀中期，都是中國最重要的貿易對象。

然而為乾隆的通貨膨脹帶來好景氣的，絕非僅此而已。其中還有一項很重要的因素，那就是與西方的貿易。

與海禁的解除幾乎同時，來自英國等西方各國的貿易商人也來到廣州進行貿易，不過當初的數量是非常少的。但一進到十八世紀的後半，大量的西方商人前進中國，也急速地增加了購買的產品。交易商品有絲綢、磁器等中國的特產，其中特別值得一提的是茶葉。

當時歐美國家以興起工業革命的英國為中心，喝茶的習慣正逐漸扎根。茶飲是會讓人養成習慣性的飲料，逐漸成為日常生活不可或缺的物品。而且當時全世界幾乎只有中國生產茶葉，因此中國茶葉的出口，也不斷往上攀升。

然而隨著美國獨立戰爭的結束，以及為了逃避一〇〇%以上的高關稅而出現的走私非常猖獗，讓英國對茶葉的收購不再順利。順應這樣的情勢，英國政府在一七八四年將茶葉的進口稅率降低為十分之一。而此舉讓西方各國更加大量地採購並消費茶葉。同時，西方各國並沒有符合中國需求的物產，因此就有大量的白銀被當成茶葉的報酬流入中國。

就這樣到了十八世紀後半，由於西方貿易的擴大，物價也按比例成長而

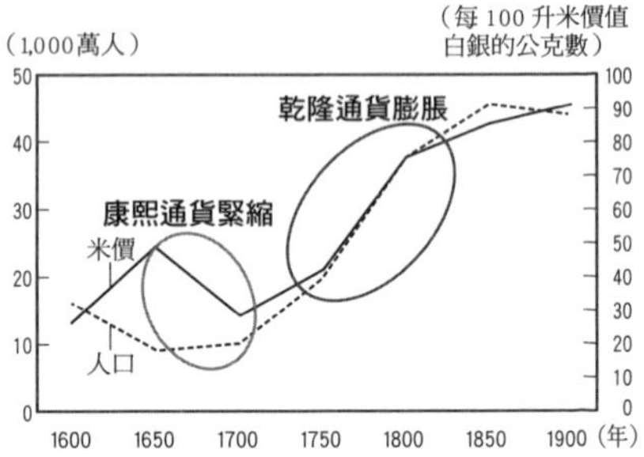

圖 13　人口與米價的變動
（康熙年間通貨緊縮與乾隆通貨膨脹）以 50 年為單位俯瞰，米價為 10 年的平均值

不斷上升。說得極端一些，就是因為白銀的流入，使得中國一片榮景（參見〔圖13〕）。

這和康熙年間的通貨緊縮是相反的狀態，也有著因果關係。十七世紀前半之前，日本、中日貿易是白銀的供給地，到了十八世紀後半，英國與西方貿易則取代了日本。

也就是如果要把中國的貿易說得更具體一點，其經濟特性就是會隨著白銀是否流入，而影響整體景氣。若想要考察明清時代的歷史，卻略過這個原由的現象，那是幾乎不可能順利的。因此讓我們大致簡單地描繪一下創造出這種特性的結構吧。

帶來變動的市場結構

觀察中國內的經濟規模，會發現貿易並沒有占太大的比例。當然現在並不存在當時正確的經濟統計，但卻有試算的統計數據，推算與當時中國人民純收入相比，貿易額的比率只有一．五％。而同時期的英國則是高達二十六％。

光看這樣的數字，或許給人一種印象，認為當時中國的經濟對貿易的依存度是很低的。然而事實卻是與此相反。為了說明這一點，在此就要借用岸本美緒卓越的「蓄水池群」的比喻。

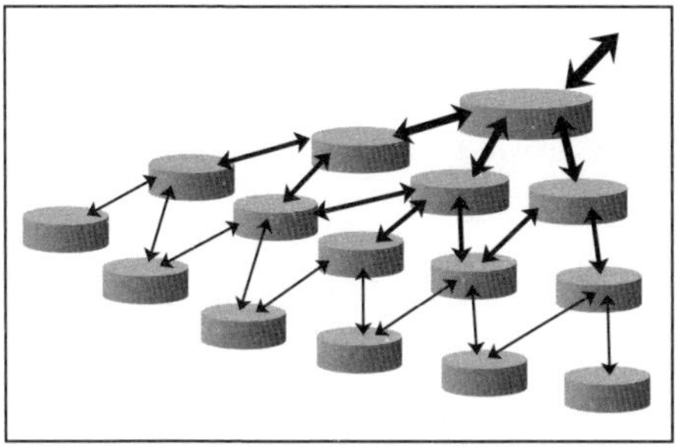

圖 14　蓄水池連鎖的模型

清朝中國的市場結構，可以用「由水路連結，有高低差異的小蓄水池群」來形容。每一個「蓄水池」之間都有水路相連，「也就是像動脈一般逐漸分流，越來越細，最後連結到微血管的結構」，藉由上一層的「蓄水池」流進來的水填滿水池。

這個「水」就代表著貨幣、銀兩，而「蓄水池」則是各地的市場單位。由於銀兩是當時的貨幣，一旦白銀進入市場，就意味著從市場會有商品的移出。有水流進並且填滿「蓄水池」，說明

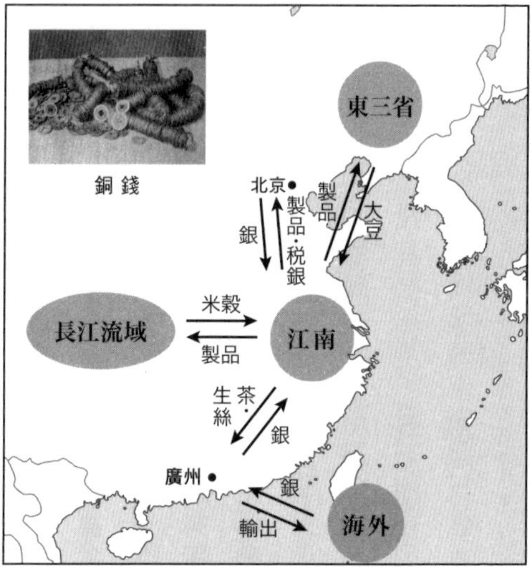

圖 15　地區性分工圖（清代）

了這個市場的商品對其他地方是有需求，因此賣得出去，而從這裡滿出來的水流進別的「蓄水池」，會讓因為販賣商品而產生利潤的地區，提升對別的「蓄水池」＝需求，並進而購買。

就像「蓄水池群」的水從上往下流一般，銀兩滲透到各地的市場之後，會提升對商品的需求、增加購買，連鎖帶動整體的景氣。反過來說，如果水不再流入蓄水池，那麼地區市場就不再有銀兩的進入，對商品的需求與購買都會下降，物產不再有人買，因此陷入不景氣。這不光只是會影響到商人或商品的生產者而已。俯瞰當時整體的產業結構，誠如〔圖15〕所示，不同的地區有不同的分工，仰賴白銀與商品的移動，因此許多百姓會受到連鎖的影響而減少收入，生活陷入困苦。這就是康熙年間的通貨緊縮與乾隆年間的通貨膨脹出現的原因。

在此有兩個重點。第一，「每個蓄水池的底部都很淺」。若沒有外部不間斷地供給，那麼「水」很快就會枯竭。換句話說，這意味著商品的販賣每每都會影響景氣的變動，而販賣商品所產生的需求，幾乎都來自外部，而不在內部。

內需之所以會如此微弱，除了市場內部的自給率非常高之外，各個「蓄水池」的水就算枯竭，就算無法與外地交易，都還是得以存活。然而那並不是只要內部富裕，就能自給自足的經濟結構。經濟狀況還是對外部的動向有很深的依存。

而第二點，就是「水」流入的源頭。談到「水」＝需求、銀兩最大的供給源頭，那就是外國的貿易了。

要擴大生產、流通，就必須要有需求與銀兩。而大陸在明代時，白銀礦脈就已經枯竭，作為貨幣的貴金屬幾乎只能依靠從海外的進口。這樣的條件成了明清與外國進行貿易的動力，也是明代出現「倭寇」，而清代最終以「互市」來穩定狀況的原因。

幣制

各個「蓄水池」由「水」所規範，也就是說市場是由貨幣來規範的。然而這個貨幣不光只有銀兩。銀兩會有漲潮落潮，也有內外的波動，是變動很顯著的東西。相對的，有另一種貨幣不僅符合「蓄水池」原理，卻又不顯眼，只在蓄水池當中移動，幾乎不太外移。這個貨幣就是銅錢。

請假想一下日本的十元硬幣或百元硬幣，或許就比較容易想像了。這兩者到了國外都無法直接使用，也沒有人會特別拿著大量的硬幣到國外去。因為低質廉價，需要很大的數量，要帶在身上也很不方便。然而在日本國內，各處皆可使用，在日常生活中也不可或缺。

一個「蓄水池」＝地區市場的範圍與銅錢的關係，就幾乎如同上述日本與硬幣之間的關係。這種貨幣並不會流通到外部去，因此與景氣巨大的起伏沒有關係。但是卻會用在地區內部日常的流通，扮演穩定貨幣量的角色。

若是如此，那麼Ａ「蓄水池」與Ｂ「蓄水池」之間，各自的銅錢並沒有互換性。就算彼此的形狀、品質、重量等完全相同也是如此。其價值會隨著每個「蓄水池」而產生差異、各有不同。不以銅錢連接的A、B兩個蓄水池之間，靠的是銀兩來連結。

銀兩與銅錢之間有著「銀一兩＝銅錢千文」的官方匯率。然而這只是表面上的數字，銅錢的價值會隨著不同的「蓄水池」＝地區市場而改變，對銀兩的需求也會不停發生變動，造成銀兩與銅錢之間的匯率有很大的差幅。一兩銀在有些地方是七百文銅錢，有時卻可高達兩千文以上。因此把銅錢比喻為日本的百元硬幣或韓國的韓元硬幣，而銀兩則是有變動匯率的美金外幣，這樣就簡單易懂了。

白銀以金屬原料的狀態在市面上流通。互換時有時會被要求固定的規格，但有時也有像西班牙貨幣、墨西哥貨幣等海外各國鑄造的銀幣流入的狀況，這與形狀、普及率或價值等幾乎沒有關聯。而是靠著各個素材的價值，也就是純度與重量而流通。這個銀兩的使用程度是全中國通用的，被用在長距離交易或稅金的出納等，甚至與海外貿易時也會使用。

白銀本來就是從海外進入中國的東西，中國國內幾乎沒有生產。因此銀兩的流向雖然有「蓄水池」＝地區市場的界線，但卻沒有國內外的區別。由於是把海外的國際性流動直接拉進中國國內，因此就出現了以制度性保證其流動的「互市」。政府權力盡量不介入、干涉與海外各國的「互市」交易，道理就在此。

三、社會

回溯明朝

那麼話說回來，為什麼會形成這種銀兩與銅錢的雙重構造呢？一個國家內部有多種貨幣，並在各地重疊並存著，各自之間行情會出現變動。這以我們今天的常識來說，似乎很難想像。

然而這卻是因為我們把當時的中國看作「一個國家」，並且以為那是同一個國家、同一個系統的緣故。我們應該把這種前提的思考方式與常識看成是錯誤的。為了導正這種想法，就必須回溯到明朝的狀況。

在元朝末年「十四世紀的危機」的大亂之後，明朝成立。當初的政權所完成的經濟政策與制度設計，目標都是從動亂中復興以及統一中華。

而明朝的財政經濟，如同本系列第四卷中所提到的，是不以貨幣為媒介、以物易物的結構。這可說是現貨主義的政策與制度。為了推行農業生產的復興，政府、權力與法制都盡量規避商業，貨幣的發行也降到最低限度，並禁止使用金銀來取代貨幣，對海外的貿易也有嚴格的規範。

這對當時來說或許是有必要的措施。的確以當時的情況來看，這對復原荒廢的農業，是相當合適的善政，其中或許也包含著導正各地經濟差距的政治意圖。然而若要問這是否是適合永久持續執行的政策，那又是另一個問題了。

永樂年間遷都北京後，無可避免

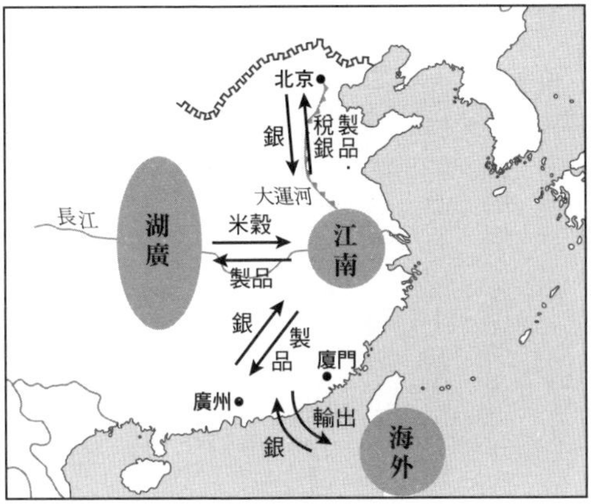

圖 16　地區性分工圖（明代）

要遠距離運輸大量的物資。而農業開始復興，剩餘的農產品日漸豐富，包含纖維工業開始興起的江南三角洲（長江三角洲）在內，各地都開始生產各自的特產，商業貿易的需求自然隨之提升。整個社會因此勢不可當地邁向商業化、貨幣經濟化。局面至此，規避商業與貨幣的政策、體制已經不再符合時代潮流了。

然而明朝政權卻也沒有就此捨棄現貨主義與規避商業的主軸概念。儘管在現實的社會、經濟當中，存在著商業與流通，但政治與制度理念上的前提，則是「交易或生意往來都是不存在的」。這麼一來，底層的市場最為困擾，因此就萌發了轉換。

民間的制度化

由於不存在應該由公權力制定的規範與貨幣，經濟活動就無法成立。在這裡，財產與契約的保障與信用的維持就變得不可或缺。以今天的我們來說，這是政府、公權力應該負責的領域。然而當公權力不保障這些的話，會出現什麼狀況呢？套用英國理論經濟學家約翰．希克斯的話，就是「商人自己」必須保護自己，「為了守護財產而團結」，並「在商人之間自行建立規範」。

這看似不過是理論的狀況，就在明朝中國的現實中上演了。政府體制實行現貨主義，實際上並沒有發行或管理貨幣，因此民間社會必須要「自行」設定在進行買賣交易時的「規則」與貨幣。

也因此，各地都流通著將宋朝遺留、積蓄下來的銅錢重新鑄造的貨幣。這種私鑄錢有著一定的數量，並且有著各自被認定的價值，會使用於日常生活中的小額交易。這種私鑄錢的製造與使用，雖然是在私下進行，但卻有著固定且嚴格的手續與「規則」，若違反其規則，則難逃一定的制裁。

而這種合意和「規則」只在相識的人、彼此有信賴關係的人之間，憑著彼此的同意才得以成立，只能在有限的範圍之內通用。對於素不相識的人，是不適用的。超越了這個範圍之外，在其他的地區，私鑄錢就會變成性質不同的、無法使用的假錢。這麼一來，各個不同地區之間若想要進行交易，就必須要與各個「規則」不同、並有著共同公認價值，如同外幣性質的貨幣，因此貴金屬的白銀就被拿來進行交易了。

白銀的金屬原料在海外也能流通，過去也有蒙古帝國為銀的信用背書的歷史經驗。無論公權力的意志與動作如何，銀兩已成為民間慣用而定型的貨幣了。在日本學界被稱為銀錢兩幣制（銀錢並行制），這裡的銅錢被稱為「當地貨幣」，而銀兩則被稱為「地區之間結算的貨幣」。

而原本忠於現貨主義、到最後都不放棄其概念的明朝政權，實際在財政上也早就以銀計價了。就算是政府內的官員，在生活上還是得靠民間經濟，光是這一點，就算再有權力，也無法抵抗民間制定的貨幣。畢竟若沒有白銀，就會無法生活，因此官員也希望俸祿、收入可以獲得銀兩。自然的，分期還款的租稅、徭役可以用銀兩換取免役，以及一條鞭法的實行，都是必然的了。這一切都是明朝政權的制度被民間經濟活動所吞噬而帶來的結果。

銀錢兩幣制

中國至此形成的政治社會構造，到了清朝仍持續繼承。清朝政權非常清楚自身的無力，因此不願愚昧地犯下任意的介入、改變、進而引起混亂的錯誤。清朝的「因俗而治」一貫地也套用在社會經濟之上。以現代而言，就是在私法、民法、商法的領域，公權力都幾乎不加置喙或干涉的狀況。

儘管如此，從十七世紀的大航海時代到明末清初的時期，內外政局也並不穩定，這樣的結構與體制也可說是仍在變動、處於過渡時期，並未完成，還沒有明確的固定形式。直到經歷康熙年間，政局穩定、脫離不景氣之後，才逐漸看得到形成的樣貌。

尤其是銀錢兩幣制更是如此，直到進入十八世紀之後，才開始固定成為一個眾人皆認同的制度。在此時，財政運作上也終於固定以銀兩計價，前述的官方公定匯率也逐漸穩固。與西方各國進行的「互市」步上軌道，來自海外的豐富白銀變得穩定且持續，而地方市場上呈現不足的銅錢，則由清朝政府自行大量鑄造。清朝也為此積極從日本進口銅礦，一有不足，甚至以雲南為中心，進行銅礦山的開發。

當然清朝雖然發行了政府鑄造的銅錢，但卻沒有力量，也沒有意願改變過往的體系與結構。因此銅錢並沒有成為國家管理的貨幣，只不過是大致上取代了原本在各地既有的私鑄錢罷了。

而各地價格認知有所差異且底部很淺的「蓄水池群」市場結構，則是持續了下去。隨著銀錢兩幣制，在這個時期，「蓄水池群」的構造也可以被視為是到達完成的階段了。

四、分歧

「盛世」抑或「衰世」

總而言之，十八世紀的清朝，因為有來自海外的白銀不間斷流入，因此持續一片榮景，並到達了「乾隆盛世」。國家內外的情勢都呈現穩定，體制可說是日趨成熟。位居最高地位的乾隆皇帝，也得以安居並沉溺於奢華的生活，讀書人士大夫們也可以全心投入考據學，並享受社交。這肯定是一段讓人享盡安逸、既和平又繁榮的時代。

不過要問是否整個滿清、東亞都是如此，那就要重新看待了。這裡的「整個」指的是縱橫南北與東西。「盛世」的平安與享樂，幾乎僅限於社會的上流階級與沿海的都市區而已。而其他的地區必然存在著與這些地區不同的情況與變化。

在這裡請重新回想起定義了「盛世」的顧炎武的話：「小官多者，其世盛；大官多者，其世衰」，而他也斷言當時自己的年代明末清初是個「衰世」。從那時起又經過了一百多年，按照顧炎武的基準來看，「乾隆盛世」究竟是否稱得上是「盛世」呢？

說得直接一些，這就是看應該由小官來治理的社會老百姓，生活究竟是變好了還是變差了，而政府當局又是如何管理老百姓生活的問題。若先從答案與結論說起的話，其實跟一百年前幾乎沒有什麼太大的改變，甚至是更加地惡化了。

景氣的持續與擴大，到頭來並不一定會讓所有的百姓變得富裕。不過這也是因為這個時期的人口產生了爆炸性的增加。

人口的爆發

十七世紀的動亂與不景氣，造成人口銳減至一億以下。然而進入到十八世紀後，降到谷底卻反而轉為增加。而前所未有的通貨膨脹與景氣，也更加強了這個傾向。到了十八世紀中期，人口已經到達上個世紀的三倍，也就是三億，甚至持續在增加，進入十九世紀後，更是突破了四億。以當時的狀況來說，的確稱得上是爆炸性的增加吧。

以上的數字僅僅是統計漢人的概數，並不一定是很精確的統計。不過其規模應該不會相差甚遠，因此還是能夠充分得知當時的趨勢。

再怎麼說因為經濟景氣造成人民生活舒適，但為什麼人口會如此急遽地增加呢？我們至今仍不知終極的原因為何。想要得知其中的原因，光是進行經濟方面的考察是不夠的，還需要針對當時的均分繼承等社會習俗、個人的行動模式造成的倫理、生死觀等，都進行深入的調查才行。而且其中的原因也不會只有單一因素。

儘管很難找出原因，但過程及結果卻是很顯而易見的。龐大白銀的流入、由於貨幣的供給引發的需求及促進貿易，受到需求及貿易的刺激造成的物價劇烈上升、生產的擴大，都與人口激烈增加有著連動的關係。透過前述的圖片，我們也能看到，物價的上漲與人口的增加幾乎是呈現同一步調的趨勢。無論何者為因、何者為果，總之兩者之間肯定是有正相關的。

然而就算整體社會財富資源增加，但如果人口也增加，那麼每個人平均能獲得的就會減少，生活也不會改善。這是任誰都知道的道理，而把這個道理提升到經濟成長理論的，則是英國經濟學家馬爾薩斯。不過如果光說是發掘其中的原理與現象的話，那就不只馬爾薩斯了。當時的一名漢人洪亮吉（一七四六—一八〇九年）就曾提倡過同樣的理念：

農民較過去增加了十倍，但田地卻沒有增加，商人也增加了十倍，但貨物卻沒有增加。……這麼一來，就算終年到頭辛勤工作，一生也不會富裕；即使品行端正，也有可能餓死鄉野，更差的甚至有可能去進行掠奪。

當時正值一七九〇年代前半，他這一段著作和《人口論》完成的時間幾乎是同時。當然「十倍」並非正確的數字，也沒有像馬爾薩斯一般成為一番理論。然而他卻很明確地指出人口增加的速度超越了農地、生產的擴大，造成社會整體的貧困，以及治安惡化的惡性循環。他懷抱的危機意識非常傳神。

洪亮吉由於對時政針砭無諱，最終觸怒當時的嘉慶皇帝（一七九六—一八二〇年在位）而被流放，可見以當時的官員來說，他可說是非常憂民且有見解的。而我們在後面也會敘述，這番憂心很不幸地就這麼成真了。

移民

要以既有的「沒有增加的」田地，養活「增加了」的人口，當然是有極限的，必須要擴大生產、增加耕地。為此，就需要開拓新的未耕地。

當時的斜坡地也開始種植從新大陸傳來的菸草、玉米及番薯等，這些作物都開始在中國普及。菸草屬於奢侈品的經濟作物，後兩者則是能夠代替主要穀物的作物。因此在平地失業的人們，就開始朝江西、湖北、湖南、廣西、四川、貴州及雲南等山區前進。他們在山間搭建簡陋的小屋，開始居住其中，並採伐山林、火耕，以玉米和番薯填飽肚子，再栽種菸草並焚燒木炭加以販賣，得以維持溫飽。

上述就是典型的移民的生活狀況，其實並不是一種輕鬆的生活方式。火耕這種掠奪性的農法，除了收穫不穩定外，還會破壞地力，破壞森林造成土石流，增加災害的風險，完全就是僅能溫飽的生存方式。

這樣的移民數量繁多，因此移居的地區也不僅限於山地區域。有的人越過了海洋到達臺灣及海外各國，或者是到達內陸的蒙古草原、東三省，都有移民的足跡，尤其是後者更值得注目。

清朝入關之後，滿洲人移居北京，東三省變得人煙稀少，因此增加了很多漢人的移民入住。這樣的動向開始於十七世紀的後半，到了一七四〇年，滿清又公布了名為「封禁」的禁止移居命令。

東三省畢竟是滿清興起的故地，對清廷而言，或許是看不下去了吧。然而在十八世紀後半，隨著景氣上升所引發的移民浪潮，已是無法阻擋了。禁令儼然有名無實，原本是滿洲人故鄉的森林地帶，已經成為漢人的居住地，化為一片的農地。

在努爾哈赤崛起之時，屬於奢侈品的人參與貂皮是東三省的特產。然而到了後來，最讓人注目的卻是同樣原產於此地的大豆。大豆除了能食用外，還能榨取食用油，極為實用，榨出豆油的豆渣，還能成為良好的肥料，迅速地被視為新的經濟作物而普及。東三省出產的大豆，往後就成為中國的特產，並且進入國內外市場，占有重要的一席之地。

貧困化

隨著人口爆發出現的貧富差距，是從十六世紀開始逐漸表面化的趨勢，到了這個時期幾乎已然普及，並固定下來了。具體的記事描述也經常出現在各種紀錄當中，而地點並不限城市或鄉野。

首先是城市區。在十九世紀初期的廣州，只要有銀兩數十枚的資本，就能夠透過借貸，靠著利息而活下去。只靠著「十幾元」就能成為金融資本家，也就是說當時小額的借貸進行得非常頻繁。

而十九世紀末的揚州，有民間的慈善家，彼此出資設立「借錢局」，向貧民借出銅錢八百文到五千文的無息貸款。據說向兩千四百戶以上、借出了總額高達四百萬文錢的貸款，平均一戶便超過一千六百文錢。若以銅錢一千文＝銀一兩的政府公定匯率來做簡單的換算，那麼銀一．六兩＝約六十公克，這筆錢很可能就是百姓維持生計的資金。

不過實際上也有借貸的金額更小的例子，所以可以看出當時營生的規模有多小，或許也可推測出當時普遍存在著零售的販賣與消費行為。這種小規模零售的買賣，恰巧證明了生活的困苦。

以揚州的例子來說，這種無息的融資蔚為美談而留下紀錄，那也就證明了一般的狀況並非如此。

這個時期，為了因應這種小額的融資需要，「典當業」開始大為發展。這就是一種當鋪。既然如此，那麼利用時就會有典當品、抵押物，若缺乏抵押品、而融資的需求又上升，那麼自然利息就會上升。利息升高，意味著要收回本利時就會有高風險，這麼一來就很容易產生糾紛。

在這現象的背後，有著無數貧民的存在。他們無法在既有的農耕地就業，在農村失業的人們，除了移居到未耕地之外，也會進入城市裡。他們終日為了餬口度日，或者為了從貧困的境遇之中脫身，完全不顧一切。對有限的資本無盡地搶奪，競爭十分激烈。最終信用被限制，利息也上升了。當時在歐洲人的紀錄裡，幾乎無人不提中國的高利息，就是源自於這番社會景象。

這不光是發生在城市，農村的貧困更為嚴峻。在狹小的耕地進行佃作的農民，不可能只耕種經濟作物。以零碎的經營來說，若產物賣不出去，就會失去所有的財產，也會無法生活。因此無論如何都需要以生存為目的、自給自足的生產。

這種生活形式就創造出前面提到的底部很淺的「蓄水池」。換句話說，地區市場內部的自給率很高，內需之所以較小，來自於大多數貧民的生存本能。以這樣的自給為基礎的經營，要想搭上競爭的隊伍，最重要的就是便宜的生產，必須要盡可能壓低成本。最先被降低的，就是最容易削減的勞動成本，因為只要自己工作就可以了。就這樣，勞動、服務的報酬幾乎被降到最低，幾乎是無償卻又被視為理所當然。而這個趨勢是不分城鄉的。

華人被稱為「苦力」，並在全世界有著「能忍受苛刻對待的低廉勞動力」的評價，就源自於這樣的經濟結構與生活樣式。人口仍舊不斷地往上增加，終於進入貧困，而貧民的處境也固定了下來。

東與西

然而狀況並不止於貧民。富人拜經濟景氣之賜，生活越來越富裕。這當中的典型，又可說以身作則的，便是當時的天子、乾隆皇帝了。在「乾隆盛世」，以他帶頭，奢侈的風氣以整個城市的富裕上層為中心，不斷蔓延，展開了絢爛的消費文化。

然而當時卻沒有像同時代的歐洲一樣，不斷擴展對事業的投資與資本的儲蓄。也就是並沒有培養與建立產業的資本。這又是為什麼呢？

這是自馬克思以來，既古亦新的問題。即使是已不再回顧馬克思史學的今天，這也是歷史學界中一個重要的主題。產業資本、資本主義在西方誕生，反過來說，究竟該如何定義中國並沒有自發性出現資本主義的現象，又該如何做出評價呢？事實上在馬克思之後，出現了許多對這個問題的解答，包含對這些解答的考察，在這裡實在無法一一列舉。

然而有一點是確實無誤的，那就是東西方的狀態差異，以現代的用語來形容，那就是源自於東西「分歧」的事實。就算不詳細說明什麼時候出現了什麼差異，儘管無法解開所有的細節，但仍然必須要對「分歧」做出一定程度的說明。

奢侈、消費如此興盛，卻無法投資，意味著借貸有著相當大的風險，資金回收困難，而利息居高不下也說明了這一點。造成高利息的原因，就是需要借貸的貧民人口不斷增加。

想要集資建立大事業，不管再怎麼富裕，只憑自己的資金仍是不足的。其中的捷徑就是盡量從越多的人手中，聚集閒置不用的資金，並且要有確實會還款的保證。同時也必須要有能夠鼓勵不特定多數人願意借貸、投資，能規避風險的機制。

因此就必須要建立約翰・希克斯所說的機制，也就是由公權力、國家制定的「規則」，具體來說就是能夠透過公權力在廣大的區域範圍內，進行統一的金融管理、市場規範、制裁違規的機制。以現在的認知來說，就是對各個民間企業加上會計監督、破產手續等的義務。

而觀察世界史上，創立了這種制度的國家，正是英國這個「財政=軍事國家」，以個人己見而言，全世界也只有英國、西歐能創立，甚至發展、完成這樣的體系。以英國發起的股份公司、銀行、公債就是其典型，是無論上下、官民皆適用的共通法則，將政治、經濟與社會統合為一體進行管理控制，這種制度的建立就是其基礎。

在私法、民法、商法領域的民間社會經濟當中，權力是否能夠介入？西方為是，東方則否，這就是「分歧」的核心。

因此借貸的保證，在東方就必須要仰賴個人之間的信賴關係來成立。信用只擴及這樣的範圍，而能借貸金錢的對象，就相當有限。一旦投資卻無法回收，因此剩餘、閒置的資金若不用於奢侈，那就不會出現在市場上，成為儲蓄。

這麼一來，就算百姓再富裕，再大的資本也撐不下去。因此「盛世」的事業資本，遠遠低於我們的想像。就算是富裕的大商人，也不斷地會因缺乏周轉的資金所苦。不只貧民，就連富人也會搶奪有限的資本，絕沒有安穩的日子好過。

五、結構

官民背離

這個現象其中的一個原因來自公權力缺乏了「規範」。在此我想重新回顧一下顧炎武的話，這會成為思考當時公權力的一個線索。畢竟「小官多者，其世盛；大官多者，其世衰」這句話太短，讓我們來看一下前後的脈絡。

在前段，他提到：「在大官之上再設大官以管理不正，然而其下卻沒有得以分擔職務之人」。接著，又提到明朝初期「洪武帝的時代」，當時仍有許多深植地方的小官，然而進入十五至十六世紀後，小官遭到削減，「數量降到過去的一半以下」，而「總督的數量增加了」。

誠如字面所示，「小官」就是位階較低的官，我們可以想像是位處地方末端、縣知事以下的官員。這些小官直接與老百姓接觸，是相當貼近民間的存在。也就是說，面對民間社會的官僚相對地減少了。相反地，「大官」卻擁有許多的下屬官員，成為離老百姓與民間很遙遠的存在。因此將前面引用的句子列入考量後，我們可以得知明代初期雖然政府權力仍在某種程度上統治著民間社會，但大航海時代之後，這種狀況卻逐漸消逝。

若「大官」不斷增加，就會無法看到民間當地人民真實的生活，因此無法施行有效的統治，而讓秩序紊亂。民間社會的力量會因此增強，對政府、權力說「不」，例如銀銅並行制系統開始形成，就是相同的道理。這就是透過明朝經歷了兩百年的歷史所發現的政治與社會的關係。政權當局的體制事實上已無法追趕上民治的實際狀態與必要性了。

若要一言以蔽之，那就是官民的背離。到了明朝末年，在這樣的狀況之下，各省的層級又設立了總督、巡撫這類的「大官」，而在縣以下的末端層級，又出現了握有霸權的鄉紳抬頭。雖說是背離，但官與民之所以沒有完全分離、分崩離析，也只不過是兩者之間有鄉紳作為連結罷了，隨著時代的遷移，這樣的鄉紳，也就是媒介角色的比重，也逐漸地隨之提升。

中間團體

在明朝所形成的這種漢人社會的結構，就由清朝原原本本地承襲了下來。雍正皇帝致力於改善民政、民治，其努力與成果卻僅限於官界內部，最後甚至歸於虛無，而這也是一種源自官民背離的表示吧。

儘管如此，雍正皇帝的改革在當下儘管曲折，若還算有所成效，那麼或許還留有一些可能性，能夠減少兩者背離的隔閡。如果真是如此，那麼官與民、政治與社會之所以會呈現不斷背離的趨勢，其決定性不可逆的因素，就是十八世紀由全球規模的世界經濟形成所產生的好景氣，以及漢人人口與移民的增加。

當時的政府當局無法獲知民間社會的實情，也無法跟上其動向，因此對於人口的爆發、移民流動的情勢無法做出適當的應對。即使人口成長了四倍，官方的官僚體制的規模，卻仍然是毫無變化。例如財政收支，也幾乎是維持相同額度，考慮到當時通貨膨脹的情況，那整個規模應該要說其實是縮小了。然而之所以會沒有明顯的障礙，全是因為行政本來就不太干涉民間的社會與經濟。

那麼跟民間相關的政務到底有哪些呢？主要是稅金的徵收與犯罪的處罰，這兩者分別名為「錢穀」與「刑名」。而實際的執行，卻大致上都交給地方上極少數有頭有臉的人士，也就是鄉紳或紳董來承包。換句話說，即為「包」、「包攬」。借用當時的英語表現，官僚制就是只想著「own maintenance」自我生存的「ultra cheap government」。

以日本人的感覺來說，從貨幣設定開始，屬於行政業務與服務的事務，就有大半是由民間建立起鬆散的組織，並獨力連結來實施。我所總稱為「中間團體」的主體，實際上隨著各種不同的結合契機，存在著各式各樣的型態。

當時有稱為「宗族」的血緣關係團體，也有以地緣作劃分的同鄉團體。此外也有同種行業的團體，西方人稱之為「guild」（公會），漢語則多會稱為「會」與「幫」，每個用語都意味著夥伴的聚集。同鄉會的話，會像「寧波幫」、「惠潮幫」等一般冠上地名，而若是專門在「育嬰」或「濟貧」等的慈善事業，則會稱為「善會」。揚州的借錢局也是慈善事業的一個例子。當然也不僅限於揚州。其他還有一些醫療、照護、埋葬等，擔負起與日常生活息息相關的社會福祉的機能。

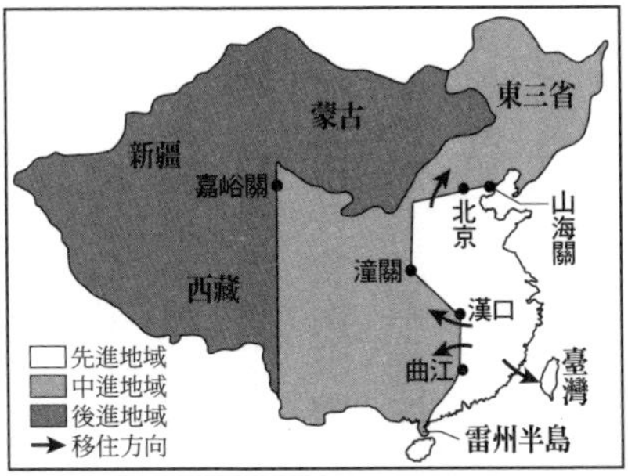

圖 17　景氣變動、人口爆發與移民的動向（18 世紀）

相對於此，我們可以說政府權力只是要求納稅與刑罰的存在。以民間社會的角度來看，政府不僅無用，甚至是有害的存在。代表中間團體的鄉紳、紳董介入，只不過是讓民間姑且信服當局，而不刻意引發反抗罷了。

然而進入十八世紀後半，由於人口與移民的增加，公權力無力可管的中間團體急速繁殖。既有的社會對新進的移民不僅冷淡，甚至有加以迫害的傾向。然而這種現象卻沒有傳入當局的耳裡，就算當局獲知，往往只是偏袒有力者。移民對此累積了許多不滿，會傾向反體制也是理所當然之事。

這結果造就了新開發的土地上的人民反抗當局，出現了無數所謂信奉「淫祠、邪教」的祕密結社、宗教團體，包含政權在內，只要有敵對勢力做出危害，就會進行武裝反抗，甚至經常發展為大型的紛亂，這樣的狀況到了十九世紀之後，不斷持續上演。在明朝定型的官民背離與矛盾，到了清朝更加擴大。

試想像一下

將上述的狀況化為圖示，就會形成〔圖18〕的圖像。這張圖在我的著作中多次出現，即使從都市化的變遷等其他的角度來看，也是可以獲得驗證的。首先是下一張〔圖19〕，被視為中心地的都市規模與機能，可以分為I——VII的階層。

I是首都，II是擁有全國性機能的大城市，III是地方的中心都市，V是最小單位的行政都市，到此為止是政府權力得以滲透的範圍，在這個層級之下的VI與VII指的是人口不滿三千，且純民間、政府權力不存在的市場村鎮、市集的聚落。我同時列出十七世紀明末與十九世紀清朝各自的概略數字加以比較。

相較於V，VI與VII的數字多越多，就代表著民間裡行政無法到達的地方、也就是政府權力無法向下滲透的地方越多，以顧炎武的用詞來說，就是「小官」很少的狀態，也更容易出現潛在的叛亂分子。

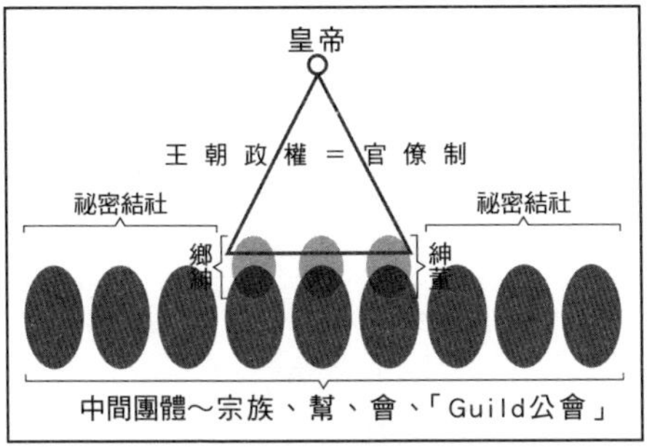

圖18　社會構成的形象圖

接著再將以上的統計表作為圖示，那更是一目了然，且跟〔圖19〕是大致符合的形狀，並且從十七世紀開始末端便逐漸擴散。與十二世紀宋代的數字與圖形做比較，就能清楚看出其形狀的變化。

把行政都市I—V視為官僚機構的話，其規模大致上是維持不變的。設立「大官」位居

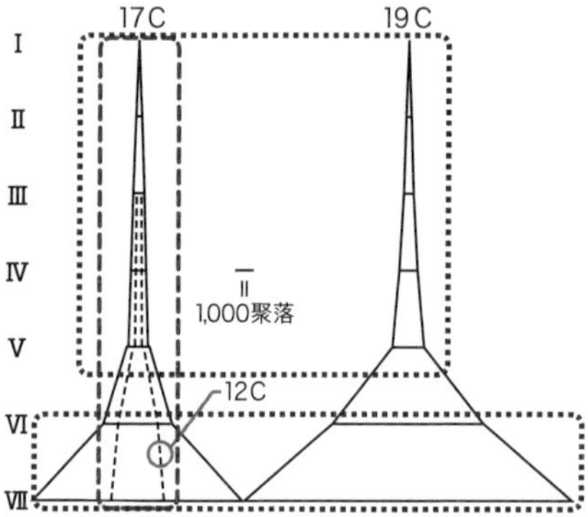

階層	機能	人口(19C)
I	首都	1,000,000
II	全國性大都市	300,000-
III	地方中心都市	30,000-
IV	中間行政中心地	10,000-
V	下層行政中心地	3,000-
VI	中間市場城鎮	未滿 3,000
VII	基層市場村落	未滿 3,000

中心地的階層

	12C	17C	19C
I	1	1	1
II	0	3	9
III	30	42	100
IV	60	90	200
V	400	600	700
VI	1,800	2,500	10,000
VII	2,000	12,000	24,000

中心地數量

圖 19　中心地區的比較

II，且再往下也頂多到達III的階層。再怎麼增加，還是看得出其數字。相對的，V不但沒什麼增加，數量不變的「小官」必須要管理的VI與VII這些行政管轄之外的民間聚落，其規模卻擴大得很明顯。

也就是說，十七世紀到十九世紀之間的變遷，就是顧炎武所謂的「衰世」。其內情正可說是官民不同步、官民的背離。本系列第二卷從「江南」這個地區所觀察、展望的非對稱「建國」與「人的連結」，就是最終的型態，到了十八世紀逐漸定型，並越為顯著。這也被視為是往後中國社會的大框架。

第四章

近代

中日甲午戰爭（描繪成歡之戰的水墨畫）

一、自負

漢人社會的影響力

清朝的體制大致上在十八世紀的前半成形，其體制保存了各個不同種族既有的政治、軍事、宗教與經濟的長處，維持著一個平衡。在前一章我們幾乎沒有提到特別的人物或事件，而是單純敘述漢人的社會結構，因為那是最具有代表性且最重要的。因為我認為，如果在腦海裡能有一個如〔圖18，一四三頁〕一般的圖像，會對之後的史實歷程更容易了解。

以這種圖像表現出來的「漢人社會相關的統治體制」，其實也代表著整個清朝的基本結構原理。在舊有既存的社會之上，進行統治／監視的體系，在本書中就稱之為「因俗而治」。

其表現的方式原本就各不相同。漢人就如同〔圖18〕所示，是由「皇帝」支配的科舉「官僚制」，蒙古則是有一種稱為盟旗制度的部落制，西藏有藏傳佛教的達賴喇嘛進行政教合一制。既有的政治制度與社會結構都各有不同，因此採取了不同的應對，得到了這樣的結果。不過滿清當局凌駕在其上進行統治／監視的這一點，儘管組織的鬆緊不一，但不論是漢人、蒙古人或西藏人，基本的構成原理都是一樣的。

隨著地點、集團、種族的不同，舊有的社會、組織的樣貌也各自相異，因此統治的方式雖不一致，但原理卻是固定的。在本書中，之所以利用了大篇幅介紹論述了漢人社會，是因為其規模與變化相當突出且巨大，尤其在當時更為擴大，並且對周遭及後世帶來了壓倒性的影響。

三田村泰助對這樣的社會樣貌做出了描寫，他把巨大化的漢人社會比喻為「大象」，身為「馴象師」的清朝，手上的韁繩已失去效用，他並形容其他的種族是在「拉扯」。這實為至理名言。這番局面在其後的時代裡儼然正規化，並很快地在十八世紀末期，就越來越顯著。

新疆

乾隆皇帝即位之時，清朝的存在尚未穩固。至少當事者本身毫無疑問就是這麼認為的。畢竟最大的敵手儼然存在。從康熙時代起就不停爭奪蒙古、西藏霸權的準噶爾仍健在，其影響力在安全保障的層面依舊是最大的課題。

在雍正年間，準噶爾仍持續展開活躍的軍事活動。其氣勢之強，不時遍及東方的喀爾喀，因此也與滿清起了軍事上的衝突。由於勝敗交替，到了一七三九年，準噶爾與清廷協議以阿爾泰山為界，游牧不超越阿爾泰以東，費盡一番功夫才阻止了準噶爾進入蒙古高原。

進入乾隆年間後，清朝仍不斷感受到威脅，然而局勢卻突然發生了轉變。一七四五年，英君噶爾丹策零逝世後，準噶爾內部的狀況就發生了巨大的改變。

失去統帥的準噶爾，終於分崩離析，並陷入內亂狀態。其中，部落首領阿睦爾撒納（一七二二？—一七五七年）擁立了準噶爾領袖，並掌握了實權。在一七五四年，他與準噶爾領袖關係惡化，反目並且逃亡，投奔清朝。眼見機不可失，乾隆皇帝便在隔年動員五萬大軍，與阿睦爾撒納攜手進攻天山山脈北側準噶爾的根據地伊犁，不到百日便逐走領袖。

清朝企圖把投降的準噶爾、瓦剌人分割統治，然而野心勃勃的阿睦爾撒納對此感到不滿，並發動反叛，企圖驅逐清朝的勢力，掌控瓦剌。清朝在一七五七年重新編制了遠征軍，擊潰阿睦爾撒納並終於征服天山北路。

在此之前，信奉西藏佛教的瓦剌、準噶爾，統治著綠洲都市散見的天山山脈南側，以及住在天山南路的突厥系穆斯林（回教）居民。清軍鎮壓了天山北路，消滅了準噶爾勢力後，天山南路的穆斯林便以盟主和卓一族為中心，企圖獨立。

清軍眼見南路的穆斯林不願服從，便在隔年的一七五八年大舉進攻，逐一攻陷綠洲都市，並在隔年征服整個東突厥斯坦。滿清將這片天山南北路的區域命名為「新疆」，也就是「新的疆域」之意。

皇清的中夏

「新疆」的成立對清朝而言，意味著百年以來最大的宿敵、威脅終於被消滅。這也可被視為是滿清持續了三百年歷史的分水嶺。以時間來看，此時是十八世紀的中期，正好是位處正中的折返點。的確從這個時期開始，清朝的樣貌與行動也開始出現了變化。

乾隆的態度自信滿滿，或許是認為一切都穩固了吧。有一個用詞能夠直截了當地表示出這種自負，那就是「皇清的中夏」。「中夏」也就是「中華」，可以視作幾乎相同的意思。然而這與漢、唐、宋、明的「中華」不同，更包含了蒙古、西藏與準噶爾，是清朝誇示的獨特「中華」。

然而在這裡的用語，不同的只是被稱為「中華」的空間範圍有所差異罷了。術語概念的含意，幾乎就是這個漢語本身的意思。在漢語的理論與觀念裡，「天下」是由「中華」與「外夷」所組成的，也就是「華」「夷」二分法。「中華」之外便是「外夷」，因此要論述「中華」的存在，絕不能少了「外夷」。

若只看漢人、漢語與儒教，那麼「華」「夷」二分法是最有說服力的。除了漢人以外，對朝鮮、琉球、越南等或多或少信奉儒教的周邊國而言，「華」「夷」是自明朝以來就根深柢固的概念，因此只要延續此概念，持續「朝貢」的關係即可。這是能將風險成本降到最低並維持秩序的做法。

但東亞並不僅只有這些國家，還有日本、蒙古、西藏，以及穆斯林、西方各國，這些國家或民族、團體都對漢語及儒教極為生疏甚至一無所知，並且在十六世紀後，仍維持著一定的勢力。過去明朝對這些國家都不問對象、狀況，一律採用「朝貢一元體制」，「華」與「夷」的二分法，最終落得失敗。

而必須要克服這些摩擦的清朝登場，回應了世人的期望，完成了一統多元東亞的大業。滿洲人不光只是針對游牧世界，同時也以多重的視角，處理漢語世界與海洋世界，對各自建立了「西藏佛教世界」，或者「朝貢」、「互市」等各種不同的秩序，因此得以穩定地使其各自並存。

滿洲人與清朝本來就是不同於明朝漢人「中華」的「外夷」。能虛心地對此有所自覺，並進行統治，正是清朝能夠擁有多重視角的理由。「外夷」不僅肩負了「中華」的角色，同時也改變了舊有「華」「夷」二分法的秩序原理，克服彼此的摩擦，最終實現了版圖的擴大。

但隨著時間的經過，這個平衡卻逐漸瓦解。由於漢人社會巨大化，清朝、滿洲人多重的視角不僅相對的，也絕對的衰退了。尤其是原本對漢人、漢語抱持的距離感與緊張感，也逐漸減弱。乾隆皇帝稱「皇清的中夏」，就是其中一個例子。從漢語字面可以看出，他的自我認同是把自身與「中華」視為完全相同。十七世紀的滿洲語稱呼「中國」時採用直譯，但這與自稱中國，其內涵的意識是完全不同的。

清朝運用多重的視角與觀念建立起來的世界秩序，所應表現出來以及運用的理論，經過乾隆時代，又再度回到了明朝的「華」「夷」二分法。當然清朝的滿洲人並沒有完全同化為漢人。但是他們遺忘了原有的滿洲語，在日常生活中使用漢語，而且不光是讀書寫字，就連理論、想法、觀念與意識都逐漸被漢語所吞噬。儘管不同時期會有所消長，但毫無疑問的，整體都出現了這樣的狀況。

再造「外夷」

例如乾隆皇帝於一七九三年傳了著名的國書給英國國王喬治三世（一七六〇—一八二〇年在位），就是其中的典型例子。同一年，英國史上初次造訪中國的全權大使馬戛爾尼（一七三七—一八〇六年）覲見了乾隆皇帝，並要求擴大貿易及建立邦交。然而乾隆下的敕書，不但拒絕英方請求，同時也對遠道而來無知的異邦人訓誡了一番。

他是這麼說的：「天朝物產豐盈，無所不有，原不藉外夷貨物以通有無」，然而要是沒有中國的絲綢、茶葉與磁器，你們「外夷」一定會很困擾，所以我才施恩讓你們貿易，既然如此，你們可要順從我方才行。這番言論將華夷意識展露無遺。

無論是日本人或是西方人，在十六世紀開始出現的人，基本上除了和中國交易之外，對其餘的事毫不關心。他們不知道自古以來的傳統禮儀或朝貢，所以「華」「夷」的秩序體制或「朝貢一元體制」根本無法應對。但儘管如此，明朝卻不顧這番見解，恣意地加以統治，因此招致了「倭寇」等外患。

圖 20　喬治・馬戛爾尼

清朝察覺了如此實情，建立了「互市」的體制，在各地設置貿易口岸開放貿易，並將禮儀、權力、意識形態壓制到最低限度，為的就是不再陷入前朝「倭寇」那般的事態，而「互市」就扮演了安全閥的作用，這也是多重視角的功用。

這麼說來的話，以通商、通行

為目的的馬戛爾尼使團覲見，並被要求行跪拜禮儀，將其視為臣服的使節，以清朝原來的統治秩序來看，這些要求究竟是否妥當呢？不過事實上，「互市」的範疇以當時清朝的主觀而言，也內含著「華」「夷」的概念與秩序。

這也不只是發生在遠道而來的英國之上而已。對於早在一七二七年就已簽署了恰克圖條約的「鄰國」俄羅斯，滿清也在十八世紀末通商交涉之際，不斷顯示出高壓的態度，要求俄羅斯必須「恭順」。

至高無上的「中華」的存在，少不了順從奉戴的「外夷」。相對於「皇清的中夏」，再造出來的「外夷」，其典型就是西方人了。

十全武功

這般與「中華」一致的滿清，從上至下明顯抱持著自滿與自信。但反過來說，這也意味著危機感麻木以及緊張感的喪失。說得更直接一點，這等同於遲緩與鬆散，同時也會招致脫離現實的傲慢與虛飾。

乾隆皇帝的行動與事蹟就是這種狀態的展現。其中最具代表性的，就是他自稱「十全老人」，並誇示其「十全武功」。

「十全」意味著完美無缺，長達六十年的治世所完成的「武功」，十次遠征皆獲得勝利，他不但誇示其偉業，更親自撰寫《十全武功記》加以宣揚。

其中的戰事包含了先前敘述的新疆成立、與準噶爾阿睦爾撒納的戰事、降伏天山南路的回族人民，這就算三次的「武功」了。除此之外，還有對四川西方的西藏系大金川、小金川發動的遠征，這樣就算五件武功。

此外，始於乾隆三十年（一七六五年），長達三十四年的緬甸遠征也是其一。另外還有平定臺灣林爽文（？——一七八八年）的叛亂與介入越南內亂，以及武力介入廓爾喀族所統一的尼泊爾與西藏的紛爭。這些都是乾隆五十年代發生的事，以上計算為四件「武功」，合計為十件。

事實上，後兩件在軍事上幾乎是敗北的，這事實早已廣為人知。然而越南與尼泊爾對力量之差有所自覺，因此進行「朝貢」並顯示出臣服的態度，這對滿清來說，正好可以保全顏面。此外，以數字來說，上述的事蹟也不見得稱得上是十次的軍事行動，因此在名義與數量上，也說不上是「十全」。

由上述所見，清朝毫無疑問是擴張最大的。然而能將如此貧乏的戰果，毫無忌憚地誇示為「武功」，這種行為也非常具代表性。以「盛世」的明君而名聲響亮的「十全老人」乾隆的治世，可說是充滿虛榮的年代。這毫無疑問的也是十八世紀後半東亞的另一個面貌。

空前的景氣導致領導階層自我滿足與安逸的氣息，瀰漫在整個社會上。明智的乾隆皇帝不會完全沒有察覺這樣的空洞與空虛。從他的發言當中，時而也能察覺他的憂慮，然而卻沒有任何具體的對策。或許真實的狀況就是，他也不知該如何是好吧。清朝就在這麼欠缺危機意識、緊張感的狀況下進入了十九世紀。

二、烏雲

西力東漸

將目光看向遙遠的西方，在「康熙乾隆」的絕盛時期，歐洲正值「漫長的十八世紀」。大約從一六八八至一八一五年，是「第二次英法百年戰爭」的戰爭世紀。起於法王路易十四發動的大同盟戰爭，最後由拿破崙失利而畫下句點。在歐洲內陸發生的大戰爭大約有六次，英法在所有的戰爭中都相互交戰，並由英國獲得所有的勝利。

英國之所以會勝利，是因為建立了一套能迅速並大量集結兵力、物資與資金的系統。這個系統的根源在於能夠透過投資，達到資本調度與集中的國家體制，也就是「財政＝軍事國家」。不僅是出事時可由國家銀行與公債籌措戰費，在平時則由企業與股票讓經濟成長。經歷了科學革命獲得的動力發明等技術革新，與經濟加乘在一起，就成了產業革命的原動力。以上創造了歷史性過程，持續走在時代前端的，自然就是英國了，而其他的歐美各國也追隨其後。

歐美的軍事力與經濟力不僅急速，且壓倒性的擴張，造就了世界市場的形成，這就是世界史的「近代」。而「近代」也可說是十九世紀歐洲稱霸世界的時代，其影響力在東亞也非常之大。

乾隆的「盛世」就是如此。處於空前景氣的英國、歐美，向中國購買商品，因此前所未有的大量白銀流入中國，而這個量的擴大，就是產業革命帶來的結果。

上述歐洲的歷史過程，是克服了大航海時代之後「十七世紀的危機」所達成的結果。東西的分歧，就從各自如何克服同時期造訪的「危機」，其條件與應對方式的差距所產生的。西方在對立之中不斷精進而更為強大，但東方卻在一片和平之中，歌頌並享受繁榮與安逸。

明明是面對相同的危機，但不同的行動，造就了東西的分歧。不僅如此，越發強大的西方，終於朝著泰平的東方襲來。換句話說，世界經濟、世界市場以及與其表裡如一的殖民地主義開始擴張，而全球史的浪潮，終於也拍打到了極東的岸上。

預感

英國派遣的馬戛爾尼使團，以客觀的角度來看，便是其中一環。然而清廷對於遠道而來的馬戛爾尼大使，僅視其為「外夷」、野蠻人，並命之信服。因此馬戛爾尼可說是完全無法達成使命。

然而他也不能兩手空空的回國。馬戛爾尼與使節團一行人停留在中國的期間，非常仔細地觀察了清朝當時極盡繁華的盛況。這番有名的觀察，也成了其後英語圈對中國研究的濫觴，當然也有許多見解值得傾聽。

他斷言：「在我有生之年，清朝若瓦解了也不足為奇」，並且看穿了榮華與虛榮背後所隱藏的危機徵兆。在馬戛爾尼過世的一八〇六年之前，清朝並沒有如其所言真正「瓦解」，但據他的觀測，「只要一點些微的衝突，就會激起火花，由此看出中國各處反叛的火焰都有可能延燒開來」，可說是正中紅心。只不過是粗略地了解了一下十九世紀的歷史事實，就能如此明白這期間的狀況，可說是極為少見的洞察力。

並且，馬戛爾尼更敏銳精確地觀察到與政府對抗的「mysterious societies」以及「secret assemblies」的「健在」與「暴動頻傳」等造成社會不安及治安惡化的情勢。這指的正是〔圖18，一四三頁〕的「祕密結社」，這些當局所無法掌握與統治的中間團體。

將這些觀測轉換為客觀的情勢來看的話，由於十八世紀的人口增加造成移民上升，特別是當局無法掌握的移民更是激增，造成「祕密結社」的繁殖，成為「暴動頻發」的原因。這種治安的惡化，若轉化為「叛亂的火焰」也不足為奇吧。果然，在馬戛爾尼回國僅僅兩年後的一七九六年，就發生了白蓮教之亂。

白蓮教之亂與鎮壓

湖北、湖南、廣西、四川等山區地帶，都有相當多的移民。這些移民入住到原本就人口較少的未開發之地，而「白蓮教」的信仰就迅速地在這些人之間散播開來，以此為連結，將移民團結起來，並成立了「祕密結社」。而之所以能在四川、湖北、陝西這三省的交界地區活躍，也是因為政府權力難以滲透此地。

白蓮教主張世界末日即將來臨，並宣揚「無生老母」的信仰將會拯救世人。在歷代以儒教為體制教學的各個朝代，都將之視為是「邪教」，由於清朝統治了漢人，因此採取的也是相同的態度。

移民不僅很容易與原住居民起摩擦，也容易受到既有勢力的迫害與鎮壓。因此他們會自動向反政府的勢力靠攏，與「邪教」團體結合。被壓迫的信眾會組織起武裝隊伍與當局對抗，這也是很自然的趨勢。其結果就導致了一七九六年的白蓮教起事。

這並非是一次組織性的動亂。但是清朝政府卻無法順利鎮壓，前後花了將近十年的時間。原因是在軍事上，常備軍的八旗兵與綠營兵無法好好派上用場。

八旗軍是清朝創立以來的軍隊，以努爾哈赤狩獵活動的組織為基礎，將所有滿洲人設了八個族群，稱為「八旗」。當時這八旗就是滿洲人的社會與國家，在入關之前，他們將臣服的蒙古人與漢人也編成了同樣的組織，並與滿洲人並列，將之稱為「旗人」。自此徵招的軍團，都擔任了政權中樞的軍事力，並集中駐守於首都以及少數要地。

綠營則是在滿清進入北京後，重新編制明朝漢人軍隊而成的。綠營兵的數量凌駕於八旗之上，大多分散於漢人居住地以及各地，並擔任警察的角色。當時的漢人社會中，除了八旗、綠營與「祕密結社」之外，都沒有什麼軍事武裝。

然而在平定叛亂時，散見於各地的綠營因鬆弛腐敗而無力，而派遣來的八旗軍隊也軟弱無力。他們早已習於百年的和平，完全無法成事。這不僅是「十全武功」的醜態，馬戛爾尼也向英國報告了他的觀察：清朝的軍事力完全無法對外。不僅如此，經過白蓮教之亂，很明顯能看出，清朝的軍事力甚至連對內鎮壓內亂也做不到。

也因此軍事行動曠日廢時，也耗費了莫大的銀兩。到一八〇四年終於接到平定叛亂的報告為止，清廷已投入了數千萬兩的財政支出，這讓北京國庫的積蓄幾乎見底。

儘管如此，光是綠營兵與八旗軍，根本沒辦法平息白蓮教之亂。主要靠的還是所謂的「團練」。

在發生叛亂的地區裡，有許多人民對既有的社會秩序感到不滿。既然官兵無法鎮壓叛變，那就只能靠自己的力量來守護自己的土地了。因此當地的居民就集結成一種自警團、義勇兵，並出來反抗反叛軍。這種地方民兵被稱為「團練」，另外也有人會稱其為意味著鄉里義勇兵的「鄉勇」。無論是戰意或士氣都比清朝的常備軍要優秀。

在現實中與反叛軍交戰的，就是這批「團練」，也就是說，這是一場民間的武裝勢力彼此之間的殺戮。從此之後，漢人的社會就不問好壞、順逆，整體武裝成為一種常態。儘管是維持治安而出現的一種策略，卻也讓治安逐漸惡化。

嘉慶、道光

當然社會上也不只有像白蓮教之亂這樣的重大事件。這個期間前後也發生了許多小規模的暴動與起事，可說是數不勝數。從太平的十八世紀到不安定的十九世紀，時代的確是發生了轉變。

在乾隆皇帝之後，其子嘉慶皇帝於一七九六年繼位。誠如父親對待祖父雍正皇帝的態度，嘉慶皇帝也對父親乾隆皇帝的治世有所批判。他一反上一代的虛榮，企圖以正直的態度進行統治。不過這或許也是因為即位不久後就發生了白蓮教徒的叛亂，進入了不容許虛榮與糊塗的年代，才讓人看似與前代不同吧。

十九世紀前半，進入嘉慶年間後，與上個世紀截然不同，在國內政治與對外關係兩方面，都是發生了相當多事件的半個世紀。而必須面對這個狀況的，就是嘉慶皇帝與其後的道光皇帝（一八二〇—一八五〇年在位）了。

在前面也已提過，以滿清的政治體質來看，就是必須施行善政才行，而嘉慶與道光兩父子，也與其父祖三代相同，不僅明智且秉性良善，為了施行

圖 21　嘉慶皇帝

圖 22　道光皇帝

圖 23　林則徐

善政而努力，也積極於各項庶政。

此時各種賢人皆能善任為高官，例如在江南改革鹽專賣制度的陶澍（一七七八－一八三九年），以及之後在鴉片戰爭中著名的林則徐（一七八五－一八五〇年）都是其中的代表。父子倆皇帝，理應都受到明君的高評價才是。

然而不幸的是，事與願違。這兩位皇帝的名聲皆遠不及父祖。儘管實行善政，但當時的年代裡卻看不見什麼顯著的政績。至少在漢人的世界裡，就進入了和前一個時代完全不同的階段。

以白蓮教徒之亂為起點的史實歷程，不過是由於十八世紀繁榮之下所累積的社會矛盾爆發了出來而已。與此同時，擔任治安維持工作的統治機構，也呈現出無法處理與應對這些狀況的現實。

經過十八世紀，惡化的不光只是上述那批無法鎮壓內亂的常備軍，而是整個官僚體制。文官組織無論規模與機能仍顯舊態，並且習於安逸，品質大為下降。想要維持民間與社會的秩序，根本是不可能的事。

儘管經濟上呈現通貨膨脹，稅收與俸祿仍然維持不變，數字呈現凍結的狀態。如此一來，上到中央的宰相，下至地方的官員，就算不過奢侈的生活，也很難餬口。而百年之前雍正皇帝改革時所新增的「養廉銀」，就是比正規的俸祿高數十倍甚至百倍的津貼。而在通貨膨脹的市場哄抬之下，世間的狀態已經是無法培養廉潔的品性了。完全是努力化為虛無，違法、貪汙再度急速擴散開來。

民間委託

對照於漢人社會的巨大化與多樣化，政府權力不僅相對的，也絕對的縮小化與無力化。社會的規模已完全超出政權能控管的能力，清朝皇帝的獨裁，也已無法有效管理漢人了。

過去的雍正皇帝獨自將上呈的報告與提案全數批閱，並給予詳細的指令與訓誡，自在地頤指文武百官。然而在百年後的十九世紀，這種做法已經不再可行，嘉慶皇帝與道光皇帝都苦於過多的文書與案件。這兩位皇帝絕非無能之人，而是當時的整個體制的問題，已經超出了皇帝的個性、資質與能力了。

面對巨大的社會，正規的制度與機構已不敷重任，既有的組織與方法也招架不住。實際情況已經演變至此，必須改制才能應付眼前的局面，因此勢必需要新的做法。

在白蓮教起義之際，常備軍派不上用場，當局政權對此莫可奈何，在史實歷程上也是完全相同的脈絡。當時出現的「團練」，也是一種將軍事委託給地方民間中間團體的做法。這種方式也逐漸成為往後統治漢人的主流。

在白蓮教之亂的二十年後，陶澍所著手的改革也是如此。過去鹽專賣制無法正常運作，違法交易充斥，導致稅收銳減；因此將原本不合法的零星徵稅委託給民間業者，最終大幅提升稅收，獲得了廣大的成果。這種方式被稱為「票法」。

當然隨著不同的時代與場合，稱呼方式也各有所異。不過委託給當地民間團體的做法，則大抵上是共通的。從後世回顧當時，這著實可被定位為財政改革、政界重組的出發點。

無論如何，這番改革重新審視了與民間中間團體之間的關係，這已經是不可逆的趨勢了。因為不光是在內政方面，在對外關係上也是如此。

三、破綻

世界經濟與鴉片貿易

這個時期的對外關係，由於馬戛爾尼大使的來訪，英國的存在感也隨之提升。這是由於英國對中國的茶葉與蠶絲有很大的需求，並且帶了白銀來進行交易，白銀因此流通到中國各地，也活化了經濟。換句話說，與英國進行的貿易，正是支撐中國十八世紀後半景氣的原動力。以這點來說，過著奢侈生活的乾隆口中說的：「根本沒必要依賴外夷的貨物」，就可說是毫無自知之明、過於驕傲自負的心態。

當時正值產業革命，對資金的需求逐漸增加的英國，卻因為對茶葉的需求而付出了大量的白銀，這樣的貿易也不斷受到批評。因此英國將日漸殖民地化的印度生產的鴉片帶進了中國，銷售額不斷增加，正好可以跟茶葉的支出打平。這也意味著形成了一個三角貿易。印度成為英國棉製品的市場，英國為了要維持印度的購買力，也需要讓中印貿易維持黑字狀態。

進入十九世紀，棉工業逐漸興隆，除了從美國進口的棉花增加，美國也會向中國購買茶葉，因此英美、美中之間的貿易結算，也是靠鴉片出口的黑字來維持。因此在當時，英國與世界經濟，完全必須仰賴將鴉片出口到中國，並且企圖用「自由貿易」將這樣的行為正當化。

站在中國的角度來看，隨著產業革命的進展，茶葉不斷外銷，與此同時，鴉片也不斷地進入中國。鴉片這種麻醉藥在清朝當然是屬於違禁品，若進口便是違法、走私。然而鴉片的進口急速增加，這不光會減少白銀的收入，甚至會讓中國國內的白銀外流，影響到地方市場上白銀與銅錢之間的匯率大幅變動，也導致財政經濟混亂。

然而鴉片的走私並非英國單方面的行為。在清朝國內也存在著從事私販的祕密結社。他們與白蓮教徒相同，有著船來走私品為資金來源，因此非常有力。當時被矮化的政府當局無力進行統一控管與取締，社會上的治安急速惡化，人們吸食、上癮的狀況也不斷增加。

鴉片戰爭

狀況已經演變到連道光皇帝也無法坐視不管的地步了。滿清實行鴉片禁令的策略，就是在廣州沒收到訪的英國商人帶來的鴉片，並加以燒毀。道光十九年（一八三九年），任用了賢官林則徐，並賦予他此一任務，最終成功沒收鴉片。然而這件事並沒有就此告終。因為此事而面臨到生命財產危機的英國商人，在一八四〇年，鼓吹英國政府派遣了遠征軍至中國。

圖 24　鴉片戰爭

鴉片戰爭最初是始於保護走私與私販的戰爭。然而私販鴉片在全球規模的國際金融、支付體系當中，占有非常關鍵的角色，不光是產業革命，在整個世界經濟體系當中都是不可或缺的一環。因此，引發戰爭就是必然的了。

不僅是對外，在中國國內，在沿海與內地進行走私的祕密結社與其關係者，都不會樂見鴉片私販的根絕。這些人自然是與清朝政府當局敵對，並與外國勢力私通勾結。在這樣的意義下，儘管經手的商品或組織的型態各有不同，但他們與兩百五十年前明朝的「倭寇」，其實是性質相同的。當時的官吏稱之為「漢奸」，而在現代的中文裡，也有相同字面的用語。儘管實體有所不同，但同樣的是有與外敵勾結的意思。

漢人的社會結構，已脫離政權與體制的範圍之外，不斷出現與外國的「倭寇」串通的「漢奸」。從是否有與外國勾結這點來看，他們和白蓮教徒或製販私鹽是不一樣的。自鴉片戰爭之後，要如何應對民間社會，變成了政府當權的重要課題。

北京陷落

戰爭的最後，誠如眾所皆知的結果，由英國獲得了勝利。在一八四二年所簽訂的南京條約與附屬協定，光看條文，以今天的認知來說，內容包含了開設通商口岸、領事裁判權、最惠國待遇與協定關稅等，都體現了西方的國際關係，同時也都是對外國商人最有利的不平等條約。對英國來說，也一改過去與清朝的關係，企圖用西方的國際方式來處理與中國的關係。

然而清朝的對外姿態，仍然如同過去主觀的世界秩序那樣，仍舊是老樣子。戰爭處理並收拾了因走私鴉片而產生的麻煩，而條約也只不過是用來安撫那些凶暴的「外夷」所採取的手段罷了。以當時的漢語來說，這全都包含在「互市」之內，而「互市」就是用來操縱「外夷」的手段。國與國之間的制度、當局的態度幾乎沒有改變，實際的貿易也沒有增加。

英國原本因戰勝而該得到的東西，卻像是打水漂一樣，全數歸零，這當然讓英國當局、商人、相關人士非常不滿。自簽訂南京條約後的大約十五年後，一八五六年，英國終於忍無可忍，再度採取武力行動。這一次他們與法國聯軍，占領廣州後北上，逼近離首都北京不遠的天津。

英法聯軍進逼離首都相當近的天津，使得滿清一身狼狽，最後終於達成和平交涉，答應英法美俄的要求，在一八五八年與各國簽訂了天津條約。然而這並非因為政府的態度或認知有所改變，而是企圖要對被逼迫簽定的條約反悔。

也因此在簽訂條約之際，一引發軍事衝突，很快就打破了和平。英法聯軍在一八六〇年由天津登陸並發動進攻，占領了北京。這場由亞羅號走私船臨檢為契機引發的戰爭，也被稱為亞羅號戰爭，同時也彷彿是重現了鴉片戰爭，因此也被稱為第二次鴉片戰爭。

太平天國

然而對清朝而言，同時還發生了更重大的事件，那就是前所未有的內亂。相比之下，與列強的交涉、交戰也只不過是其次罷了。

早於亞羅號戰爭開戰之前，一八五〇年的二月底，道光皇帝駕崩，由皇子咸豐皇帝（一八五〇—一八六一年在位）繼位，他當時才剛滿二十歲，是相當年少力衰的君主。然而新皇帝在位期間，也為清朝帶來了轉機，清朝對漢人的統治逐漸發生變化。畢竟那是一段攸關存亡的動亂時期。

在廣西省山區的桂平縣金田村，上帝會（又稱「拜上帝會」）發動了起事。上帝會是以基督教為基礎的新興宗教，並供奉上帝教的教團，教祖名為洪秀全。上帝會以洪秀全為首，大多數教團的成員都是廣東省的客家人。所謂的客家即是來自南方，在語言、風俗習慣上皆與當地有所不同的新進移民。看在政府當局眼裡，這就是一個移民的邪教，當然是必須鎮壓的對象。

圖 25　咸豐皇帝

而教團也為了反抗而武裝，超越了純粹的信仰，並主張要在人間建設自己的「天國」，開始了政治活動。最終他們宣言建立「太平天國」，打倒清朝，並在一八五一年初發動了武裝起義，當時的規模不過約一萬多人。

但其後他們又從廣西省山間

北上，由湖南進入湖北，在到達長江的一年之間，成長到數十萬人的龐大勢力。太平天國全軍沿著長江南下，在一八五三年三月占領了南京，改名「天京」並以此為根據地。據說這時攻入的人數已達兩百多萬人。長江中下游是漢人最多的經濟、文化重地，這也意味著在此地出現了一個與清朝抗衡的敵對政權。

太平天國在此也不斷擴大軍事活動。他們首先對北京發動了北伐軍，同時也派遣了往長江上游而去的西征軍。前者雖然於一八五五年在天津被清軍擊破，但後者卻獲得大破武漢的戰果。對清朝而言，此內亂再加上亞羅號戰爭，真可說是陷入了名副其實的內憂外患。

動亂頻發

太平天國是移民、邪教的武裝集團，在本質上與過去的白蓮教並無二致。而這種武裝結社其實在漢人社會當中無所不在，尤其是湖南省，這裡以私售鴉片起家的天地會、三合會等祕密結社，都非常活躍。太平天國進入此地，順著趨勢急速成長，最終化為龐大的勢力，攻陷了南京、鎮江、杭州等八旗駐守的大都市。

這對一些在既有秩序當中無法出人頭地的脫隊者，或是背離了社會體制，最終致力於對立紛爭的地方性祕密結社來說，這正是一大機會。太平天國正好對華南和華中的不逞之徒、反政府的勢力是最好的集結團體。

不只是南方的太平天國。在同一時期，屬於另一個體系、發起於淮水流域並在北方擴張的捻軍，勢力也日漸增強。由於靠近北京，清朝可說是更感威脅。而發生在西方陝西、甘肅一帶，以及雲南頻發的回民（伊斯蘭教）起義，規模也非常之大。

這些在各地連鎖且同時頻發的暴

圖 26　太平天國之亂

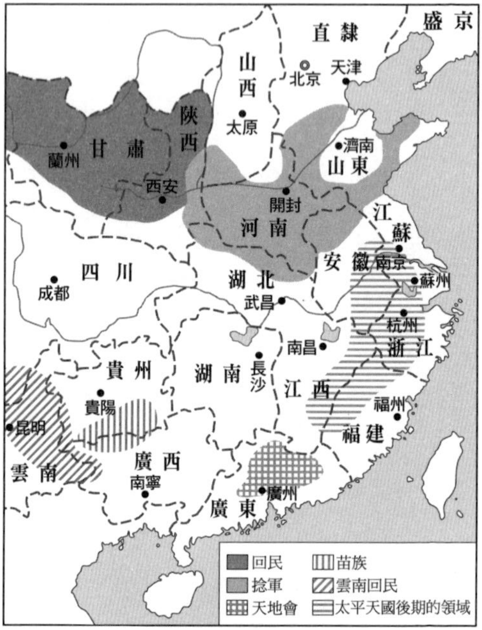

圖 27　太平天國時期的內亂

動與叛亂，自然並非偶然。個別的叛亂雖然起因與性質各不相同，但根源卻有著共通的因素與結構，例如自十八世紀以來，漢人社會的人口激增與流動化，造成了武裝結社的反覆增加，導致矛盾爆發的現象，演變成一八五〇年代的動亂。

曾國藩與湘軍

若光說武裝的結社與集團，那就不只發起叛亂的勢力了。在半個世紀之前的白蓮教之亂時，就靠著當地的官僚與有力人士組織了當地的自衛團「團練」，並在鎮壓之際扮演了重要的角色。而這時面臨到前所未有的動亂時，自然也模仿了同樣的方式。

一八五〇年代初期，各地都出現了大量的團練，不過最受矚目的還是湖南省了。當時擔任禮部侍郎的曾國藩（一八一一—一八七二年），為母親服喪而回到湖南。禮部侍郎相當於日本文科省次官，在當時算是高官，曾國藩位居此銜，有著學者、理學家的身分，是當代首屈一指的讀書人。他受北京政府之命，在鄉里成為團練的組織統帥。儘管曾國藩煩惱多時，但仍舊展開了行動。

圖 28　曾國藩

首先他為了徹底回復湖南這個祕密結社巢穴的治安，開始大張旗鼓地捕捉可能敵對的嫌疑犯，並加以處刑。因此當時有人誹謗曾國藩是「曾屠夫」、「曾剃頭」，也並非是空穴來風。曾國藩本人事前也是有了被責難的覺悟，畢竟要是不這麼做的話，就無法建立起穩固的民兵組織。

其後，曾國藩開始著手組織軍隊。他以同鄉人為中心，組織了自己的友人與門生等，命其為部下，擔任軍官，各自統率小規模的團練部隊。他此舉是把自己私人的關係直接帶進軍事指揮系統裡。大多數的學者們都是軍事的門外漢，不過曾國藩的軍隊，在當時卻比任何一支公家的軍隊或組織更有堅強穩固的團結力與士氣。

原本散落在各地鬆散的團練，就此統整成為了軍隊，並冠上湖南省的別稱「湘」，稱作湘軍。此後長達十年以上，不斷地在長江一帶展開殊死鬥，在一八六四年終於攻陷天京，消滅太平天國。

不過捻軍與回民的叛亂仍在持續，因此整體內亂要到一八六〇年代末期才正式告終，前後花了二十年。在這期間，無數的人犧牲了性命，規模高達數千萬人。

內亂的本質與督撫重權

然而照這樣看來，無論是太平天國或湘軍，是反叛勢力或是鎮壓勢力，其實都是扎根於地區社會，打從同一個娘胎出生的組織，在本質上並沒有太大的差異。唯一的差別只在反對政權，還是站在滿清這一邊罷了。

也因此，在這兩者之間，也到處都潛伏著一些旗幟並不那麼鮮明、向背不定的武裝勢力。當時的動亂，實際上就是想盡辦法收服籠絡敵方，因此最終這些武裝勢力都會向體制靠攏。

因此在既有的社會結構之中，其實並沒有發生什麼徹底或根本的變革，只是為了要讓構成內亂的反體制勢力向滿清臣服，而花費了大量的時間與人命而已。不過相較於過去起義、內亂頻發的狀況，此後的治安得以維持，那前後的狀況與條件必定是發生了某些變化。

滿清在統治那些曾在明朝統治之下的漢人時，或多或少都把實地的行政委任管轄各省的總督、巡撫。如此一來，北京緊密的統御著地方大官，讓既有的皇帝政治得以維持。雍正皇帝的施政，就是這樣的典型。

但在十八世紀，漢人社會由於膨脹與擴大造成繁殖增生，進入十九世紀後，引發內外動亂的武裝團體，已經成為了當初根本不存在、政府權力也沒有預料到的勢力，因此也沒有因應處理的手段與設備。

為了彌補這個缺失，就出現了上述的民間委託的現象。在軍事面，團練以及集結團練的湘軍就是一個典型例子。此外，在這個時期，在地當局認可了鴉片的私售，籠絡從事違禁品交易的祕密結社，並普及上繳費用的慣例，此財源被稱為釐金。這與過去在鹽專賣制時實行的票法是相同的原理，可說是財政方面委託民間的例子。而這些收入就成了維持團練、湘軍等新軍隊的新財源，同時也是一個減少反體制武裝勢力的有效手段。

在打倒太平天國之際，掌握這類民間委託最多的人，就是率領湘軍的曾國藩。滿清任命他與其部下為各省的總督、巡撫，藉此舉將擴大的民間委託編入既有的官僚組織當中。這也意味著地方大官的裁量權大幅高於過往，而這是為了應對十八世紀後半以來的變動與內亂所採取的措施。在制度上總督、巡撫的權限看似變重了，因此被稱為「督撫重權」。

若把中央集權的近代國家當成基準來看的話，這督撫重權完全是反其道而行的地方割據與「軍閥」化。但以當時的清朝政權與漢人社會的現實而言，這可說是相當合理的舉措。

同治中興

英法聯軍在一八六〇年攻入北京後，咸豐皇帝離開紫禁城，越過長城，逃入熱河的行宮。留在北京受命處理後續的皇弟恭親王奕訢（一八三三―一八九八年），在與列強談判後，最終協議講和。而此時簽訂的天津條約、北京協定，訂立了允許公使進駐北京、支付賠償金、增開通商口岸、內地遊歷與傳教權、鴉片販賣的合法化等，這些都是對列強更加有利的條款。

滿清這下也無法對「外夷」的操縱置之不顧了。面對被強迫的國際關係，滿清也必須要履行義務。恭親王為了親自應對西方各國、與各國交涉談判，因此設置了總理衙門，以西方來看，這就相當於外交部了。

到了一八六一年初，在行宮的咸豐皇帝駕崩，享年三十一歲，是順治皇帝之後又一個早逝的皇帝。他身邊的皇族掌握了實權，簇擁咸豐皇帝年僅六歲的遺子登基，回到北京。然而新皇帝的生母西太后（即後來的慈禧太后，一八三五―一九〇八年）心生不滿，因此與留在北京的恭親王密謀政變，肅清了先皇身旁的權臣，開始了新的政權。此政變就由當年的干支命名，是為

圖 29　西太后（慈禧太后）

辛酉政變。

代替幼子管理朝政的是母后西太后。由於身為女性不能直接露臉，而是隔著簾幕面對臣下，因此被稱為垂簾聽政。恭親王是帶頭的王公大臣，執掌政務，被稱為議政王。隔年，改元號為「同治」，意味著「君臣同治」，也象徵了否定皇帝獨裁的新體制。

由皇帝頤指文武百官的時代，已然過去。如同在嘉慶、道光年間所見，過去的皇帝獨裁體制已無法應對巨大化的漢人社會。此後清朝半個世紀的皇帝，皆非常年幼，且無法掌握實權。在客觀上，這樣的方式避免了皇帝獨裁將權力獨攬一身，反而造成權力行使不周全的弊端，也意味著體制轉化成權威、權限的分散與分擔。

不過儘管如此，權力與責任的分配不明，讓中央政府無法發揮統治力。而且擔任清朝爪牙的八旗軍，軍事力受到內憂外患極大的打擊，因此北京對漢人社會的統治力道也被削弱了。

為了彌補這份不足，就要靠督撫重權了。北京雖然在管理地方時，只有微弱的統治力，但各省的督撫通曉各地狀況，因此獲得了發揮實力的結果。

清朝由於自身的力量衰退，因此希望能以對漢人的管理，來延長自身的壽命。恭親王與其部下也承認，對漢人來說，要打倒滿清可說是輕而易舉之事，因此必須要給予漢人超出滿人的優渥待遇才行。可見他們也對自身的定位與力量頗有自知之明。

另一方面，漢人將同治年間視為「中興」的年代，也認為因為有自己的付出與盡力，清朝得以克服危機完成復活。而中興在制度上的措施，就是地方的督撫重權加上北京的垂簾聽政了。

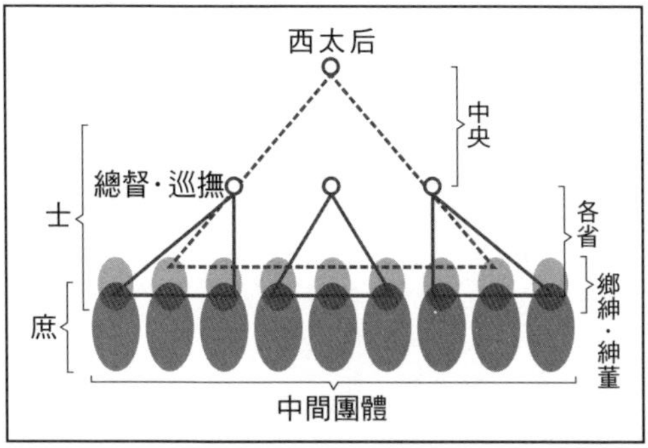

圖 30　社會結構概念圖（清末的督撫重權與垂簾聽政）

四、清末

李鴻章

編制湘軍的曾國藩創始了督撫重權，並擔任領導人物。但能加以活用的卻不是同一個人，而是其高徒李鴻章（一八二三—一九〇一年）。

李鴻章的父親與曾國藩是同年考中的進士，因此李鴻章師事曾國藩，在一八四七年以二十五歲的年紀考上科舉。原本是被命為文臣的秀才，卻和其師長曾國藩一樣，因為內亂而改變了命運。他受朝廷之命回到老家安徽合肥，組織團練作戰，但在一八五八年由於戰敗而委身於湘軍，成為曾國藩的部下為其效力。

太平天國在一八六〇年東進，攻擊江南三角洲（長江三角洲），攻陷了中心都市蘇州，唯獨剩下通商口岸上海。曾國藩為了救援，拔擢李鴻章，命其編制另一支淮軍作戰。「淮」便是淮河，指的是淮河流域的安徽省。李鴻章仿效湘軍的編制，利用了故鄉合肥周邊既有的武裝團體，建立了有組織的軍隊。淮軍在一八六二年初進駐上海，以此為據點奪回了江南三角洲，達到了不亞於湘軍的戰功。

李鴻章所掌握的上海，在當時已發展為第一的貿易港口，對西方列強的利害極大。這個區域結合了江南三角洲，是最富裕的地區，也是經濟命脈的心臟部位。而這種與西方各國的關係以及經濟方面的優勢，就是李鴻章在政治上最好的資產。

圖 31　李鴻章

在太平天國滅亡後，淮軍也平定了威脅到北京的捻軍，聲勢更上一層樓。淮軍的故鄉安徽省原本就是捻軍猖獗之地，這兩者可說是同一個地區社會所出生的雙胞胎。這樣的關係彷彿重現了湖南省的太平天國與湘軍之間的關係，戰爭的歷程也相同，淮軍在一八六八年制服了捻軍。

湘軍的總帥曾國藩一直以來都為自己的健康與湘軍的未來感到不安。因為這兩者皆勢必會走向變質與惡化。也因此，在太平天國滅亡後，他解散了大部分的湘軍，並讓李鴻章與淮軍肩負起自己的角色。

同時，在一八七〇年他也把自己在督撫當中，與首都最近、地位最高、位居督撫重權之首的直隸總督的身分，轉交給李鴻章。不到一年後，曾國藩便病逝了。此後大約二十五年，李鴻章擔任起直隸總督、北洋大臣的職位，成為清末軍事與外交的中樞。

洋務

李鴻章與淮軍以北京的外港天津為根據地，並同時掌握了長江三角洲，維持著人口稠密的沿海地區的治安。儘管淮軍屬於義勇軍，基本上等同於李鴻章的私人軍隊，但仍站穩了國防軍的地位，是清朝最精銳部隊。

對李鴻章而言，淮軍正是他權勢的來源，想當然他會把軍隊的維持與強化視為最優先的事項。從實際上開啟他職業生涯的上海實戰經驗起，他對於西洋近代武器、裝備與技術都有很高的評價，因此也相當積極採用，不只設立也推動軍需工業與相關事業，被稱為「洋務」。

而認為此為一大良機的人才們，便聚集到了李鴻章的身邊。除了軍人之外，更有脫離漢人出人頭地既定路線（通過科舉擔任官職）的商人、創業家、工程師、留學人士等，甚至還有外國人。李鴻章充分利用自己身為督撫的裁量權，知人善任，讓各方人才得以施展自身的才能。而從中也人才輩出，足以肩負下一世代的重任。其後成為中華民國大總統的袁世凱（一八五九—一九一六年）就是其中之一。

圖 32　袁世凱

這樣的行動，與日本明治時期的「富國強兵」、「殖產興業」是一致的。但是卻不應該單純地將兩者等同視之。當時的日本朝著官民一體的文明開化邁進，但相對的，同一時期的滿清政府當局卻越來越脫離漢人社會，因此必須要有大資本與律法統合的近代企業組織與經營，運作得並不順利。

不僅如此，當時也有很多人士與李鴻章以及其事業敵對。其中最典型的就是打從心底蔑視並憎恨外國、西方的鄉紳等攘夷論者。大多數的漢人官員身兼地方當權者，且有其背景。以儒教的觀念來說，軍事與武力都是必須要忌諱的東西，再加上跟「外夷」這些外國人扯上關係，更是骯髒不潔，怎麼可以放在「中華」菁英的上風處？這是當時一般的輿論。

然而西太后卻相當庇護李鴻章與他的事業。她認為這對穩定政權、維持權勢是有利的，因此有大約四分之一個世紀都不願意讓李鴻章離開首都近郊的天津。也因此，李鴻章與督撫重權就成了對西太后，甚至整個清朝都不可或缺的存在。

由於代替皇帝職掌大權的西太后認可了李鴻章的實力與政策，因此李鴻章不但為清朝政權帶來了安定，同時也藉著西太后的權威，勉強地實行了一些面臨諸多反對的事業。這兩人的組合，讓北京的垂簾聽政與地方的督撫重權相輔相成，也讓統治漢人的內政與外交得以圓滑進行。

西北

前面我們幾乎都在論述東南方漢人的世界。之所以不得不偏重論述，是因為漢人社會的比重與不穩定急速地擴大，而這也意味了同時期非漢人的世界是相對穩定的。

在當時的漢語中，雖然把非漢人的世界統稱為「藩部」，但當然不是同樣的世界。當中儘管規模不如漢人社會，但同樣也有不穩定的地區，那就是位居中亞的草原綠洲地帶：新疆。

在這個地區，清朝也實行著「因俗而治」。滿清一邊將游牧民族重新編入既有的從屬關係並承接下去，同時將自治權交給當地的當權者來主導、管理綠洲居民，這種尊重當地既有方式的做法，在原理上和蒙古、西藏都是一樣的。

不過新疆不知是不是因為最晚才歸順，似乎又和當初的「投懷送抱、溫言軟語」不太一樣。除了回教的穆斯林和儒教或藏傳佛教有著不同的規範與風俗習慣之外，當時也是清朝多重視角、適應力都逐漸衰退的時期。最終滿清對當地居民限制並施加各種壓迫，導致當地勢力和卓家族的後裔發動了叛亂，不斷起事。

其中的一人張格爾（一七九〇？—一八二八年），於一八二六年獲得了鄰近的浩罕汗國的援助，為了分裂喀什一帶，發動了叛亂。自漢人社會的白蓮教之亂至此時，也不過經歷了二十五年左右而已。這一次清軍也動用了三萬人的軍隊，被迫消耗了龐大的人力與金錢。不僅如此，滿清自此後也無法固定對新疆的統治方針，在無法實現順利的施政之際，又發生了重大的事件。

新疆建省

在清朝統治之下的穆斯林們，不光只是居住在新疆。在新疆東側的甘肅、陝西，以南的雲南省也為數眾多。這些說漢語的穆斯林們被稱為「回民」，也和漢人社會一樣，形成了不少中間團體。

一八六〇年代，和太平天國與捻軍相同，穆斯林也發起了動亂，被稱為「回亂」。在陝西、甘肅地方擔任鎮壓的，是與曾國藩一起指揮湘軍、在太平天國之亂時一同作戰的總督左宗棠（一八一二—一八八五年），到了一八七三年，幾乎整個區域都恢復了和平。看來督撫重權在此地也發揮了良好的功效。

然而陝西與甘肅的回亂並沒有就此結束。在新疆綠洲都市發生的暴動引起了共鳴，在一八六四年演變成大型暴動。

在同一個時期，俄羅斯也正在中亞進行各方征服。一八六八年攻陷撒馬爾罕，降伏布哈拉汗國，甚至征服了鄰近的希瓦汗國、浩罕汗國，到了七〇年代，幾乎整個西突厥斯坦都在俄羅斯的掌控之下了。

這波震動也傳到了新疆。當時被俄羅斯併吞的西邊鄰國浩罕汗國將領穆罕默德·雅庫布·伯克（漢文稱之為阿古柏，一八二〇？—一八七七年），進入了喀什並以此為根據地，在各地建立割據勢力的獨立政權，並分別在一八七二年與俄羅斯、七四年與英國簽訂通商條約，獲得了國際的承認。而由於天山北路的伊犁也被俄羅斯占據，因此整個新疆都陷入了脫離朝廷的狀態。

圖 33　左宗棠

圖 34　穆罕默德・雅庫布・伯克（阿古柏）

正好此時，左宗棠平定了新疆東側甘肅省的回亂。他趁勢遠征新疆，並在一八七七年奪下了位於天山南路入口的吐魯番。同年阿古柏過世，喀什的政權很快地便瓦解，幾乎整個新疆再度回到滿清的統治，唯獨剩下由俄羅斯軍占領的伊犁地區。

俄羅斯與滿清雙方都不希望武力衝突的發生，因此選擇了外交談判來解決問題。不同於國際法的慣例，儘管清朝處理得並不完善，甚至陷入一觸即發的危機，但還是因為互相讓步而達成了妥協，在一八八一年簽訂了聖彼得堡條約（又稱伊犁條約），俄國將伊犁地區歸還清朝。而中俄西方的國界也在此後的談判交涉中，逐漸固定下來。

當時的清朝好不容易克服了亞羅號戰爭的苦境，對於蠶食鯨吞黑龍江流域的俄羅斯非常地警戒與敵視。會對俄羅斯占領了伊犁抱持著強大不信任以及危機感，也是理所當然之事。然而在此次的協議之後，中俄之間持續了和平的關係，也確保了西北邊境的安全。

始於十九世紀前半動搖不斷的新疆，終於達到了穩定的統治，這也是這份安全的前提。清朝在此地採取的，也是和漢人社會相同的督撫重權，在一八八四年新設置了新疆省以及巡撫。這改變了當地既有慣例、否定穆斯林自治之舉，也意味著「因俗而治」統治原理發生了轉換，時代開始產生大幅改變。

海防

左宗棠自一八七四年開始著手遠征新疆，而北洋大臣李鴻章卻表示反對。他認為，自乾隆平定新疆已經過一百多年，為了統治耗費了龐大的成本，卻不見顯著的成果，因此他主張只要承認阿古柏政權的存在，接受朝貢就好了。換句話說，就是提案建議把新疆納入像朝鮮、琉球一般的「屬國」。

當時英俄雙方即將展開「大博弈」。這兩國分別與阿古柏政權簽訂了條約，也是為了要把位於印度與西伯利亞之間的新疆當作緩衝地帶。李鴻章趁著這股國際情勢，希望能找到一個最省力的方式保住西方的穩定，並主張若要耗費成本，應該放在自己管轄的沿海等經濟較先進地區的防衛之上。

但即使新疆的遠征實際執行，也並不代表就取消了這個地區的「海防」。因為當時清朝政府受到了日本出兵臺灣的震撼，李鴻章甚至說日本是「中國永遠的大患」，而自此之後，清朝對外利害關係的重心甚至比較傾向海防。

督撫重權與垂簾聽政的新體制始於一八六〇年代初期，日本當時都還未被滿清當局者放在眼裡。然而到了六〇年代後半，卻急速地提升對日本的警戒，因為日本的幕末維新，讓富國強兵達到了急速的進展。

自滿清興起到這個時期，日本正值江戶幕府的「鎖國」時代。唯有從寧波來的商人會在長崎的港口進行貿易，這對清朝而言是「互市」的關係。由「倭寇」及朝鮮出兵等歷史經驗來看，日本也是一個可能會在軍事上有所危害的存在，因此滿清會想辦法避而遠之。

但是日本經過明治維新後體制煥然一新，想要與鄰國的清朝建立正式的國際關係，在一八七一年九月，簽訂了中日修好條規。而進行交涉的正是北洋大臣李鴻章。他視明治日本為潛在的軍事威脅，在條約中加入了互不侵犯

「所屬的領土」的項目，確保了包含「屬國」朝鮮在內的國土安全。

「琉球處分」

儘管如此，還是發生了臺灣出兵事件。日本主張琉球人＝日本人遭到臺灣住民的殺害，但清朝政府卻不願意負責，因此將臺灣視為國際法上的「無主地」發動出兵。但以清朝的角度來說，琉球人並非日本人，出兵很明顯是違反了中日修好條規中不可侵犯的條目。

對於武力凌駕於滿清之上的西方列強，滿清只要乖乖遵守條約，例如對英國的北京協定、對俄羅斯的聖彼得堡條約，那麼之後就不再是公然的敵對關係了。然而相對的，不適用條約規定的日本，對滿清來說則是個很明顯的威脅。在李鴻章的主導之下，開始大規模建設北洋海軍，就是因為把日本視為假想敵。

話說回來，臺灣事件的起因，就是琉球人的定位，尤其是琉球歸屬的問題。當清朝在講和之際，承認琉球宮古島的「漂流民」是「日本國屬民」之後，日本就開始更進一步地推動過去早已開始的琉球內地化。一八七五年，更停止琉球向清朝的朝貢，一八七九年接收了首里城，並設置沖繩縣，也就是日本所謂的「琉球處分」（併吞琉球）。

以明治政府而言，認為此舉是把過去從屬於日本的琉球，正式地編入了近代國家當中。但對清朝政府來說，則是在入關之後一直向朝廷朝貢的琉球王國就此滅亡，自己的「屬國」就此被日本奪走了。若要讓李鴻章來說，肯定會認為這違反了中日修好條規，是繼臺灣出兵之後再度的蠻橫舉動。

然而實際上，隔著海洋的琉球，並非是個迫切的問題。對李鴻章與滿清而言，更重要的是朝鮮半島。因為朝鮮半島離滿清的首都近，關係到首都的安全，因此絕不能發生像同為屬國的「琉球」所發生的狀況，不僅滅亡，還被併吞，更與強大的外敵相鄰。

「屬國」的變化

在清朝的眼裡，朝鮮至少是一個對朝貢儀禮毫不怠惰、稱得上最為「恭順」的「屬國」。朝鮮與日本也維持著往來，在西方近代進入到東亞之前，與大陸以及列島之間的關係均無破綻，為整個東亞帶來了穩定。

但與琉球一樣，日本的西洋化動搖了這份安定。明治政府企圖刷新過去的日朝關係，嘗試了新的方式，反倒加深了與朝鮮政府的對立，最終在一八七六年二月，締結了江華島條約。條約中的第一項就規定朝鮮為「自主之邦」，將日朝關係視為兩個獨立國家，並企圖以西方規格的國際關係來進行。但此時清朝仍然視朝鮮為自己的「屬國」、國土安全的重點，因此在這裡也埋下了摩擦的火種。

朝貢是周邊國對清朝進貢禮物並行臣禮所建立的關係，在儀禮上只不過是上下關係罷了。因此清朝在原則上也遵循著不干涉屬國行動、內政與外政的慣例，十九世紀後半與西方各國和日本締結新的條約關係時，朝鮮、琉球、越南等周邊的「屬國」都仍維持著舊有的關係。一直以來，滿清與日本的關係屬於「互市」，與各屬國的關係是「朝貢」，各自有著不同的秩序體系。

但是在日本出兵臺灣之後，清朝感受到的危機感，迫使滿清重新思考這樣的慣例。清朝對「琉球處分」、屬國滅亡是否會產生波及現象感到戒備，為了牽制日本，在一八八二年，讓朝鮮與美、英、德等列強簽訂了條約。而李鴻章也參與了實際的交涉，並且讓朝鮮務必做出「朝鮮是清朝的屬國」的聲明。如同字面所示，這個文本不過是相互確認了過去「朝貢」的關係罷了。但對清朝而言，卻包含了西方的屬國的意味，並開始對朝鮮做出更進一步的干涉。

「屬國自主」與中日戰爭

暴露出此心的即是同年夏天所發生的壬午兵變。朝鮮的軍隊發動了兵變，引發內亂，而清朝決定派兵首爾（漢城），行使武力鎮壓政變。讓軍隊進駐「屬國」的首都，在「朝貢」關係當中絕對是史無前例。

說白一點，這個行為就是對「屬國」主張軍事上的「保護權」，從此之後的「屬國」可說是轉化成清朝在軍事上握有全權的緩衝地帶了。無論是緩衝地帶也好，軍事保護權也罷，儘管是西方、近代的概念，但其依據都還是自古以來的「朝貢」儀禮的存在，而非關係國依照雙方合意所簽訂的條約或協定。因此只要與列強或日本產生了利害衝突，就無法避免衝突紛爭的產生。不僅是朝鮮，越南、緬甸也是如此。越南甚至引發了與法國之間的中法戰爭。

其中一個典型的事件就是一八八四年的甲申政變。少壯的改革派在日本的軍事援助之下，對掌握了朝鮮政府實權的一派發動政變，而駐守於首爾的清軍出動，攻擊並打倒了支援改革派的少數日本軍，演變成中日全面戰爭的局面。伊藤博文（一八四一—一九〇九年）與李鴻章在一八八五年四月進行交涉，達成協議，簽訂了天津條約，規定中日雙方皆從朝鮮半島撤兵，總算避免了一場危機。

此後的東亞維持了大約十年左右的和平。這是由於朝鮮同時擁有著清朝所主張的「屬國」以及在條約中明確記載的「自主」的地位，看在關係國的眼裡，既可被看作是保護國，也可被看作是獨立國家，再加上天津條約上的軍事性空白，達成了各國不敢貿然出手的相互牽制作用，也維持著一種勢力的平衡。

然而在一八九四年春天，朝鮮半島南部的全羅道發生了東學黨起義，朝鮮政府向清朝請求援軍，因此導致了平衡狀況的破局。根據「屬國」關係的「保護」，以及根據「自主」規定的「獨立」，這兩者相互矛盾，而主張後者的日本就派兵，引發了戰爭。

中日在同年七月二十五日爆發豐島海戰，二十九日在成歡、牙山爆發衝突，並在八月一日正式宣戰，就此開啟了中日甲午戰爭。同年九月在平壤的陸戰、黃海的海戰當中，都由日本獲得了壓倒性的勝利。

第五章

中國

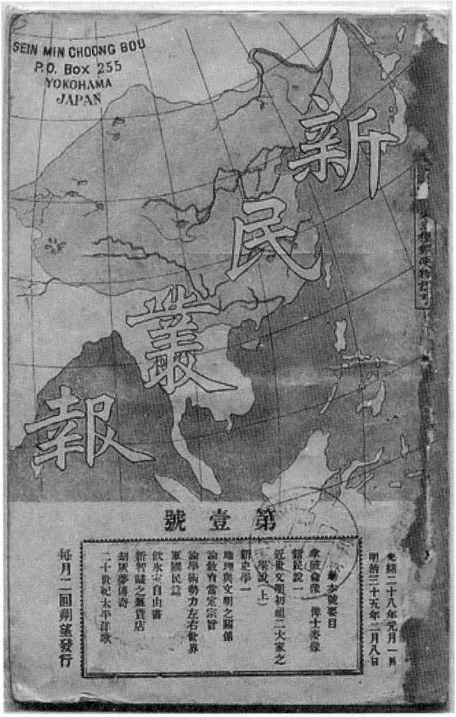

中國的範圍。在初期的《新民叢報》封面上以紅色塗在「中國」上，明示了其「領土」範圍。

一、轉變

動盪的世紀

中日甲午戰爭是東亞史的分水嶺。無論是列島、半島或大陸，都以此分水嶺為界，與列強不斷擴張勢力的世界局勢有著不可分的關係，產生了明確而無可避免的變化。日本朝著大陸國家、帝國主義轉變，朝鮮則邁向大韓帝國，並成為殖民地，這是眾所周知的轉變。但是清朝的變化則更為顯著。

以年表來追循變化的足跡，會看到從一八九五年的馬關條約、三國干涉，中俄密約、德國占領膠州灣、英俄取得租借地、戊戌變法、義和團事變，到一九〇一年的辛丑合約，幾乎每年都發生了重大事件。

儘管進入到二十世紀也是一樣，庚子新政、辛亥革命、二次革命、護國運動、軍閥混戰、五四運動、國民革命、國共內戰、抗日戰爭……。接下來我們實在沒有足夠的篇幅能一一仔細敘述上述的所有事件，因此找出造成這些接連不斷事件的根源，針對結構性因素做一個概括的論述。

原本以「垂簾聽政」與「督撫重權」而穩定的漢人統治體制，最先產生了動搖。各自為首的慈禧太后與李鴻章，在甲午戰爭當時已是六十歲與七十二歲，可稱得上是耄老的年紀了。除了本人年老漸衰以外，在夭逝的同治皇帝（一八六一—一八七五年在位）之後繼位的光緒皇帝（一八七五—一九〇八年在位）已成年並開始親政，同時滿清還敗在日本手下，李鴻章所擁有的清朝最大軍事力遭到擊潰。

「垂簾聽政」與「督撫重權」的關鍵就在於中央、君主並不行使權力，而由地方當局行使裁量權。但是其後，皇帝恢復實權，督撫的比重低下，讓權力平衡往相反的方向傾斜。如此一來，自然會缺乏穩定並出現動搖。

從一八九八年的戊戌變法到大約半世紀之後中華人民共和國成立為止，這段期間的政治史就可以用這樣的架構來說明。首先，戊戌變法就是以光緒皇帝身邊的康有為（一八五八—一九二七年）為主導而嘗試的體制改革。兩年後，一九〇〇年的義和團事變，則是慈禧太后及其親信刻意對列強發起的戰爭。前者是近代化且開明的改革，後者則是排外而反動的行為，看似是兩個極端。然而不理解實情的中央率先採取了不顧地方的行動，最終遭受挫折，其實在結構上是共通的。

中央的意識形態或者政權本身即使改變，或者地方勢力的黨派、陣容有所交替，但這種對立的局面卻仍然不斷地發生。進入二十世紀後，在一九一一年發生辛亥革命、一九一二年中華民國成立之後，仍接連不斷地出現軍閥混戰、國共內戰，在結構性的本質上也都沒有任何變化。

其中的本質都是中央與地方的相互爭鬥，後者對前者的抵抗，而中央不顧地方的意願、利害與實力，展現出的想法與行動，就成了抗爭的契機。這是在甲午戰爭之前不曾發生的狀態，在甲午戰爭之後，「垂簾聽政」變成「中央」政府，而「督撫重權」轉化為「軍閥」勢力，因此我們也能把此一過程看作是失去平衡、加深混亂的時期。

政治思想的變化

引起這種轉變與混亂的契機，是外在的因素。首先是鴉片戰爭的失利，看到清朝的無力，實行帝國主義的列強開始了取得利權的競爭。除了借款給

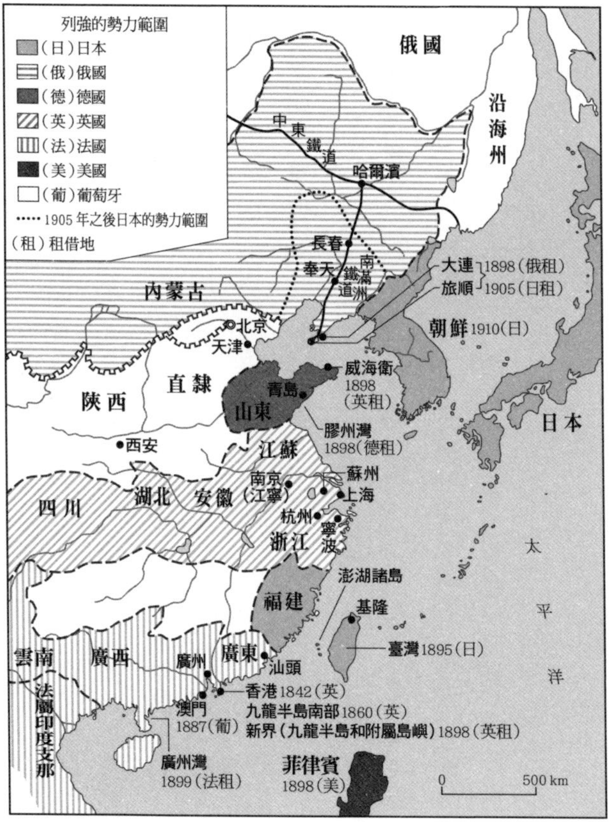
列強的勢力範圍
(日)日本
(俄)俄國
(德)德國
(英)英國
(法)法國
(美)美國
(葡)葡萄牙
1905年之後日本的勢力範圍
(租)租借地
俄國
沿海州
中東鐵道
哈爾濱
長春
奉天
南滿洲鐵道
大連 1898(俄租)
旅順 1905(日租)
內蒙古
北京
天津
朝鮮 1910(日)
威海衛 1898(英租)
直隸
青島
陝西
山東
膠州灣 1898(德租)
日本
西安
江蘇
蘇州
南京(江寧)
上海
四川
湖北
安徽
杭州
寧波
浙江
太
平
洋
澎湖諸島
福建
基隆
臺灣 1895(日)
雲南
廣西
廣東
廣州
汕頭
香港 1842(英)
九龍半島南部 1860(英)
新界(九龍半島和附屬島嶼) 1898(英租)
澳門 1887(葡)
法屬印度支那
廣州灣 1899(法租)
菲律賓 1898(美)
0
500 km

圖 35　「瓜分」圖

滿清之外，還有礦山、鐵路的權利與租借地的奪取，以及劃分勢力圈等。換一個角度來看，同一個時代的非洲也正遭受列強分割，正所謂是「瓜分」的趨勢。這無疑地會迫使人必須提升危機意識。

這樣的危機意識，很快地也帶來了政治思想上的轉換。人們開始反思流於講究細枝末節、脫離實用的考據學，認為必須面對眼前的課題，因此在十九世紀前半開始興起了一股對經典重新提出解釋的學派。到了這個時候，此學派更是出現了必須要活用在改革現狀的浪潮。

獲得光緒皇帝信任的康有為，就成了代表性的旗手。這個學派目標的「變法」，是以明治日本為模範的體制改革。康有為是儒學者，因此假借儒教之名實行了此一變革。例如宗教改革與民權，都仿照著孔子的教義大為提倡。

而世人對這樣的「變法」無論是贊成還是反對，反應都相當激烈。康有為最終變法失敗，因而垮台。然而在思想上與實際運動上，並沒有就此結束。無論是反對者、支持者或後繼者，作為目標的改革內涵都沒有改變。「變法」以及後續的「新政」或「革命」，都是在實現政治體系與制度的西方化、中央集權的國家體制，並試圖把清朝改變成一個民族國家，其中並沒有不同。而其中的動機也都是對抗外部勢力的「瓜分」，是完全相同的軌跡。

這股外部勢力在導致八國聯軍占領北京的義和團事變時，達到最高潮。滿清不僅在國際上落為從屬的地位，俄羅斯的大軍還占領並支配了東三省。

日本想要把鄰近的朝鮮半島收歸勢力範圍之內，而英國不希望俄羅斯繼續南下，因此日本就在一九〇二年與之締結了英日同盟，共同對抗俄羅斯。然而雙方的對立不僅沒有消除，甚至更為惡化，終於在一九〇四年二月引發了日俄戰爭。這是前所未見的淒慘戰事，日本占領了奉天，並在日本海的海戰中獲得勝利，最終由日本取得優勢，並在一九〇五年九月簽訂了樸茨茅斯條約。日本取得了南滿洲鐵路等原本屬於俄羅斯的權利，加入了列強的行列。另一方面，宣稱立場中立的滿清，則因為雙方僵持不下的結果，而失去了成為戰場的東三省。

日俄戰爭的過程與結果，都讓日本模式成為焦點。皇帝專制的俄羅斯戰敗，而轉型成歐美立憲制的日本卻獲得勝利，這讓越來越多人認為，只要採取近代國家體制，或許不只能免於滅亡，甚至還能自強。

「中國」的誕生

時至今日，西方化、近代國家的形成已是不可改變的浪潮了。在眼下儼然存在著列強「並立」的激烈國際競爭。漢人的知識分子對於列強將自己國家蠶食鯨吞的「瓜分」，總抱持著一份恐懼與危機意識。唯有獨立並成為能與世界「並立」的一國，才是生存下去的唯一道路。至此，人們終於產生了「滿清所統治的範圍，是一個整體不可分割的國土」的意識。隨著危機意識的形成，這樣的意識也不斷提升。

這種立場的人們以日本漢語自稱是「支那人」，並稱自己的國家為「支那」。這個詞是把China／Chine以漢字表示而出現的用詞，也包含了民族國家這個西方人及日本人視為理所當然的概念。

因此當時的「支那」完全不是一個歧視性用語，而是帶著新鮮氣息的新創單字、外來用語，表示了要打破現狀、推翻舊體制，並朝著統一的近代國家前進的意思。將這個外來語「支那」再度轉換成有淵源且眾人熟悉的漢語，就成了現在的「中國」這個稱呼以及國家概念。在本系列的第一卷開頭也曾經介紹過，康有為的高徒梁啟超（一八七三——一九二九年）就以national history的概念構想了「中國史」，並重新將自己的國家以「中國」的國號命名，而此舉也源自於這個時代的思潮。

不僅是「支那」與「中國」，梁啟超積極地使用這類日本漢語展開各種言論活動，將過去的漢語概念西方化，普及了國家主義等新的概念與思想。而這些舉動都成了日後現代中文白話體的產生、否定儒教等舊思想的文學革命與思想革命的先驅。

不過統治這個新「中國」的政權，在當下也只有清朝了。而試圖推翻這個政權與制度的動作卻越來越顯著。同時，認為不能再依靠清朝政府，有必要打倒、翻新體制的認知也逐漸擴張開來，這也引發了政治上的革命。

圖 36　梁啟超

並且，如此的轉換並非僅限於在漢人社會當中。清朝政權在當時已經必須要靠漢人督撫的軍事力支援，並仰賴漢人的社會經濟力。在這樣的情況之下，儘管同樣是清朝政權本身，或是在清朝統治下的漢人以外的世界，也勢必會被漢人產生的變化所影響。

其中影響最大的，就是在短期間內說服力劇增的「追求中國一體化」。當中成為槓桿並登場的，就是相當於西方近代國家概念的日本漢語「領土」與「主權」。清朝政府將原本稱為「藩部」的漢人以外的土地改稱「領土」，並對領土宣稱「主權」，開始強化自身的統治權。

「領土主權」

當然這樣的動作並非是進入二十世紀之後才開始的舉動。例如新疆，誠如前面所述，已有「督撫重權」的制度進入，被編為新疆省。不僅是「藩部」，對於隔著海洋的臺灣，也在新疆建省的同一時期，設置了臺灣省。

這些都是在一八八〇年代，為了防範俄羅斯、日本與法國等外敵所實行的舉措，也是對外危機意識的產物。透過「因俗而治」這種委託當地自治的做法已不再能維持統治，也無法阻止外敵侵略。因此就採用了在統治漢人時，鎮壓內亂及維持治安極為有效的「督撫重權」。

然而當時僅停留於省的設置與「督撫重權」的實行。但進入二十世紀後，與統治漢人時同樣設置了省，並設置總督與巡撫，就等同於維持「中國」這個一體化國家的「領土主權」了。過去的「督撫重權」藉由政治思想的轉換，產生了新的意義。

二十世紀初期「瓜分」的重大威脅，一直存在於東三省。這塊角逐之地甚至引發了日俄戰爭，在戰後也有各國的勢力不斷滲透。清朝在一九〇七年設置了東三省總督，雖然較遲，但仍將此地改為與漢人各省相同的體制。這也是在日俄戰爭之後，企圖守護戰爭過後好不容易才確保的「領土」與「主權」所採取的嘗試。

東三省原本是努爾哈赤興起的滿洲人舊地，在入關之後，滿清也在此地設置了陪都，不讓漢人踏進一步，算是一個聖域。然而這樣的定位卻逐漸地有名無實。十八世紀人口爆炸性的增加與十九世紀大量的移民遷入，讓豐富的森林消失殆盡，成為一整片的大豆田，居民也大多是漢人。

或許也因如此，滿洲對於在東三省設置總督、統治漢人，換句話說就是將此地「領土化」，似乎沒有太大的抵抗。然而這樣的過程卻不適用在東三省以外的土地，而誠如日本人所熟知的，東三省也並沒有非常順利地與「中國」統一。

二、民國

西藏

焦點在西藏與蒙古，也就是藏傳佛教的世界。這個地區在十九世紀結束之前，外界都沒有沾手。而這意味了清朝的統治相對來說還算順利，也代表清朝政權傾力建立了一套秩序。

在康熙皇帝之後，透過與準噶爾的殊死戰，爭奪蒙古的霸權，清朝認識到壓制住西藏與藏傳佛教的重要性。尤其乾隆皇帝透過長期的治世，一邊尊崇保護著藏傳佛教，同時也對達賴喇嘛穩固了大施主以及轉輪聖王的地位。

看在西藏佛教徒眼裡，很有可能會被視為外來征服者的清朝皇帝，就這麼被認可為「傳播佛教拯救眾生」之人。其中乾隆皇帝更是被稱為「菩薩王」，其治世稱得上是建立了一統滿、藏、蒙的藏傳佛教世界，完成了此地的統治秩序。

儘管十九世紀滿清在漢人的統治蒙上了一層陰影，但西藏卻沒有發生什麼太大的問題。不過南方的喜馬拉雅各國卻不斷地產生紛爭。在前面提過的「十全武功」其一，就是廓爾喀族與尼泊爾的紛爭，另外還有不丹、錫金等更小的國家，也不斷地出現動亂。

儘管紛爭的數量很多，但其實規模都不足掛齒，唯獨與南面相鄰的印度之間的關係是個問題。尤其是十九世紀後半過後，英國進入印度殖民，開始介入喜馬拉雅各國，並希望能與西藏有交通與貿易的往來，但達賴喇嘛政權都以滿清為擋箭牌，貫徹了拒絕的姿態。

然而在日俄戰爭之後，英國對俄羅斯南下的恐懼，就帶來了重大的轉機。為了保衛印度、防止俄國入侵，就必須要與位居中間的西藏建立緊密的關係。做出這番判斷的印度政府機關，斷然遠征拉薩，並直接與達賴喇嘛政權進行交涉，最終在一九〇四年簽訂了拉薩條約。西藏在同意清朝「宗主權」的基礎之上，自行「直接」決定了與英國之間的關係，達成協議。

北京政府對於這樣的過程感到震驚，因為這時滿清已開始對「領土主權」有所意識。西藏「直接」與英國交涉，等同於在訴說著清朝政權在此地並不擁有「主權」。換句話說，西藏不再是滿清的「領土」，而這違反了「中國」的統一。

清朝政權透過此一危機感，很快地自覺到對西藏的「主權」。因此捨棄了在西藏當地委任給達賴喇嘛政教合一管理的「因俗而治」，匆匆忙忙地開始轉而統治「領土」。

這裡的「領土」統治，和設立了漢人各省是相同的體制。由於東鄰四川省，因此西藏東側不斷有漢人移居，拉薩則有新任的漢人大臣進駐，在軍事與政治層面都強化了滿清的統治。過去相當被尊重的西藏佛教世界的傳統，已不再被滿清放在眼裡。

到了一九一〇年二月，清軍為了強化統治，從四川進攻西藏占領了拉薩。滿清企圖以拉薩為中心設置「西藏省」，並在東部西藏設「西康省」，達賴喇嘛十三世（一八七六—一九三三年）為了逃難而遠走印度。然而在隔年十月十日，發起了辛亥革命，清朝在四川省的權力遭到瓦解，駐西藏的清軍被驅離。達賴喇嘛得以回到拉薩，西藏在實質上達成了獨立。

蒙古

對清朝而言，蒙古的重要性與西藏不分上下。若要將廣大的蒙古做個大致上的區分，那麼就是與清朝皇室有姻親關係、幾乎已經統一、位居戈壁沙漠南方的「內蒙古」，以及戈壁沙漠以北、主從關係更為鬆散的「外蒙古」。這兩者都是漢語，因此跨越時代來看，這樣的稱呼並不一定是精確的區分方式，但卻持續到了現代，是個很簡而易懂的概念，因此本書就權宜地概括性使用這個詞來進行論述。

前面已經提過，藏傳佛教世界中有一部分是「外蒙古」，因此清朝對此地，以保護西藏佛教的「菩薩王」也就是「博克多汗」（神聖的大汗）進行統治。在悠久的歷史當中，儘管蒙古的游牧民族社會也無可避免地產生一些變化，但此地與西藏相同，實現了相對較穩定的統治體制。經過了動盪的十九世紀，卻不見較為顯著的紛擾或動亂。

然而進入二十世紀後，清朝這股「新政」的浪潮無可避免地波及到了蒙

圖 37　哲布尊丹巴呼圖克圖（博克多汗）

古。清朝政權從來沒有輕視過蒙古，但由於漢人知識分子的政治思想轉換，使得重視的意涵也產生了改變。不僅增加了駐留軍，也限制了對貴族與僧侶的優待，廢除對漢人活動的限制，這些政策都開始在「內」、「外」蒙古實行。

與清室已一體化的「內蒙古」，對於這樣的變化抵抗相當微弱，但對於隔著遙遠距離的外蒙古而言，就不是如此了。眼見與長城相鄰的「內蒙古」增加了大量移居而來的漢人，而蒙古人游牧的土地逐漸減少，自然會感到不安。

一九一〇年，三多受到北京政府的命令，以大臣的身分前往庫倫（今天的烏蘭巴托），並試圖強硬推行「新政」。三多不僅是蒙古的旗人，也是出生於杭州、通過科舉的人物，因此倒不如說他更接近同年代的漢人知識分子。他和當時的漢人、滿洲人的重要人物相同，對於透過「新政」達成「領土主權」統一的概念，以及將此概念套用在蒙古之上，絲毫沒有感到任何懷疑。

「外蒙古」的貴族與僧侶對三多與清朝政府的政策強烈地反彈，因此在隔年一九一一年悄悄的開始計畫脫離北京。到了十月，卻收到了辛亥革命爆發的通知。

「外蒙古」的貴族與僧侶反應得很快。他們將三多驅逐出庫倫，擁立西藏佛教活佛轉世的第八世哲布尊丹巴呼圖克圖（一八六九—一九二四年）為「博克多汗」，並宣布獨立。他不僅是西藏人，也是成吉思汗的後裔哲布尊丹巴一世的轉世靈童與後繼者。他在庫倫即位的行為，即意味著與清朝中央斷絕關係，並公開宣示從中國脫離之意。

漢人與五族

一九一一年十二月二十九日，博克多汗在蒙古高原即位，並樹立了新的政權。巧合的是，在遙遠長城之南，同一天，漢人各省的代表也宣布從清朝獨立，並在南京組織了中華民國臨時政府。也就是說，從清朝中央脫離的不光只是西藏、蒙古，還有漢人。

清朝至此已是名實皆已瓦解。十七世紀誕生於東亞，清朝收拾了一片混

圖 38　溥儀

沌，並扮演了多元共存的核心角色。而這片共存出現了破綻並解體的話，也就代表了清朝的歷史性命脈就此斷絕。

不過就算清朝滅亡並且退場，也不代表其角色與課題就此消滅。因為東亞的混亂在二十世紀仍然存在，並以不同的形式呈現。

在這裡出現的最重要的動向，就是巨大化的漢人世界，以及他們所建立的中華民國。中華民國在一九一二年的二月十二日接收到清朝宣統皇帝溥儀的正式退位後，正式發起了名實皆由漢人為主體的政權。此時他們以「合漢、滿、蒙、回、藏諸地方為一國，是曰民族、領土之統一的中華民國」為條件建國。國民政府透過這樣的承諾，擁有了原原本本繼承清朝領土規模的法律性根據。

然而進入二十世紀後，這個「五族」共和卻不再是過去清朝的多元共存了。其中的核心在於「中國」的「領土」統一，因此這樣的意識形態在往後，就成了以漢人為中心的「民族主義」，要稱其為Nationalism的確也是可以的。然而「民族主義」背負了本書一路以來敘述的歷史，並且還歷經了下面要詳述的過程，因此不能輕易地視為是一般的Nationalism將之普遍化。

在此之前，一九一二年的元旦，孫文（一八六六—一九二五年）在「臨時大總統就職宣言書」中也定義了：「合漢、滿、蒙、回、藏諸族為一人。是曰民族之統一。」這裡被「統一」的「民族」被擬人化為「一人」，在往後被通稱為「中華民族」。而誠如眾所周知之事，「中華民族」的「統一」正是與民國時代到現代為止一貫的史實歷程不可分割的學術用語。

圖39　孫文

不過「領土」、「民族」的「統一」這樣的承諾、宣言、稱呼與認知，儘管是始終如一，但在現實中卻不一定得以實踐。我們倒不如說，正因為現實並非如此，才必須要高唱著這樣的主義吧。

統一抑或分立

在「五族」當中漢人占壓倒性多數，且他們自詡應該擔任中堅角色，而漢人本身就並非「一人」或者一體。一九一〇年代、二〇年代的「中國」，從對外關係來看，正是「帝國主義」列強「瓜分」的對象，從國內政治來看，則是軍閥混戰的時期。不僅是蒙古、西藏的脫離，中國本土的內部在實際上也正處於四分五裂的狀態。

如此的對內局勢與對外關係，並非毫無關聯的獨立事件，也不是單純政治上的動向，在社會經濟上也有所根源。這不是表面、外在的現象，而是更本質、結構性的事實與現象。

在這裡請回想一下我們在第三章中談到的「蓄水池群」的市場結構，以及與其密不可分所形成的「銀錢兩幣制」。外部的需求，刺激了流通與生產的市場結構、地方分業，這樣的結構到十九世紀末期為止，都沒有發生本質性的變化。而貨幣上必然的「銀錢兩幣制」、上下背離，以及中間團體進行支配的現象，這樣的社會結構，其骨架也都沒有產生變化（請參見〔圖15，一一六頁〕）。

政權的統治型態在一夕之間轉換為「督撫重權」，地方各省的裁量權跟著增大。這是因應了中間團體的數量與力量的增加，造成的權力機構的重整。如此一來，容易脫離政權當局的「蓄水池」，也能在中間團體的掌握之下（請參見〈圖30，一八五頁〉）。不過這麼一來，各省當局反而無法忽視當地的利害與連結，每當與外部需求相關的國際性經濟情勢發生變化，其姿態也會出現變化。

一八八〇年代，隨著列強轉變至黃金本位制，白銀價格下降，在銀貨圈的中國產品出口增加，到了一八九〇年代以後，第二次產業革命開始正式化，德國、美國等國家的化學工業興起，對中國本土初級產品需求大增。列強開始直接向生產產物的各地區進行交易，並產生了密切的聯繫。各地彼此以白銀產生連結，而過去擔任統整角色的地方分業，也因為各地直接與海外聯繫，而呈現了各不相同的樣貌（請參見〈圖40，二二四頁〉）。

這表現在貨幣上，就是從「銀錢兩幣制」轉變成「雜種幣制」的變化了。過去由白銀與銅錢為主的貨幣，逐漸演變成各地金融機關各自發行的紙幣、銅元及銀元混雜的狀態。俯瞰當時整體「中國」，與使用英鎊、美元、日幣等民族國家、國民經濟的單一貨幣完全相反，呈現出一種多樣化的「雜種」

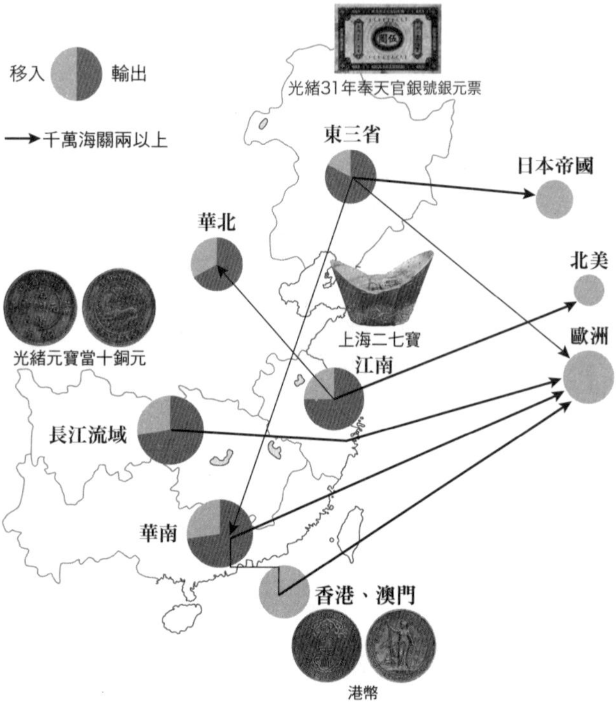

圖 40　地區的交易結構「雜種幣制」

狀態（請參見〔圖40〕）。

此時期與鴉片戰爭、義和團事變的時代重疊，因此也呈現出一種「瓜分」的政治情況。這與其說是從外部牽線，還不如說是因為中國各地的連結與外國直接連接所產生的變化，而出現的政治性現象，要來得更為切中實情。

割據的結構

掌管各省督撫的清朝退場，而早已與外國直接聯繫的各省獨立，最終的結果就是一九一一年所發生的辛亥革命、一九一三年的二次革命與一九一六年的護國運動中，各省的「獨立」，而隨後就演變成軍閥混戰。要舉出典型的例子，那就是東三省，亦即「滿洲」。

前面已經提到，自十八世紀起，此地因移民的進入，使得大豆生產普及。到十九世紀後半為止，其市場主要是長江三角洲，此地也成為地方分業的一環。然而從十九世紀末到二十世紀初，日本進口大豆渣來當作肥料，歐洲各國也為了發展油脂化學工業，對大豆的需求急速增加，因此當地就開始面對國際市場。

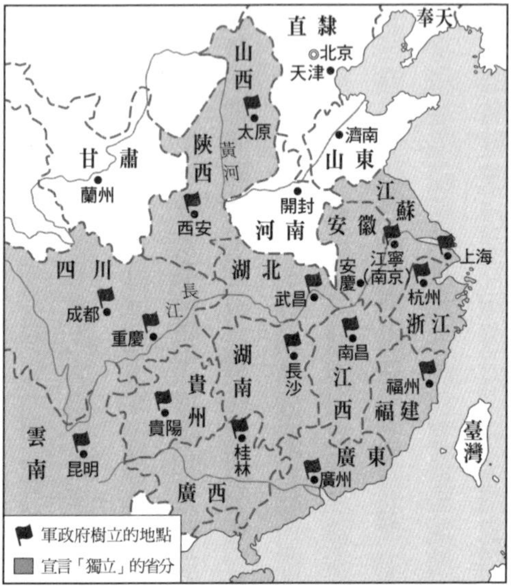

圖 41　辛亥革命（1911—1912）

在日俄戰爭前後，俄羅斯與日本對鐵路的興建與經營逐漸白熱化，更是加速了大豆產業的油門。因為要把出口的大豆運往港口的，就是鐵路。藉由大豆出口而獲得的外幣，也促進了移民對此地的開墾，因此造就了撫順的煤礦與鞍山的煉鋼等礦工業的發展。

新開發的東三省，原本就缺乏貴金屬，因此在交易時大多使用紙幣，而成為「當地貨幣」所發行的紙幣，據說在縣的層級就高達一百多種。到了一九二〇年代的軍閥張作霖，才終於統整了如此大量多樣的紙幣，並發行了稱為「奉天票」的小額紙幣。而將這個「當地貨幣」奉天票與外界連結的，就是日本的朝鮮銀行、橫濱正金銀行所發行的銀行券，這便是「地區間結算貨幣」。這形成了一個與日幣或英鎊連結，並對外進行結算的結構。

而支持這種結構的，就是東三省的當地政權、地方軍閥與列強勢力，而這也正是張作霖與關東軍、滿鐵在經濟上存在的理由。也就是說，「滿洲國」統合了這些多元的角色，轉化成一元化的地方政權，接著更試圖成為獨立國家。

這個與日本有連結的「滿洲」，由於很容易被看見因此而顯眼，但其實中國本土各地多少都出現了同樣的現象。其中在一九三〇年代，號稱與英美連結的規模是最大最強的，就是位於長江下游，標榜是「中央」政權的南京國民政府，以及辛亥革命之後最長壽、並打著「門羅主義」旗幟的山西省閻錫山政權。

當然這兩者毫無疑問的都屬於割據。這與統一的國民經濟、近代國家是完全相反的現象。當時沒有一個「中國」的知識分子不為這樣的局勢大為感嘆。他們心心念念的就是希望能出現一個如同當時歐美列強一樣的強大中央政府、統整的國民經濟、中央集權的統一國家。

然而知識分子菁英在當時實際採取的行動，也不過是以鄉紳的立場，傾向支持在社會與經濟層面上有強烈連結的在地勢力罷了。但這卻會加速割據的方向，與他們自己提倡鼓吹的「民族」的「統一」是完全矛盾而言行不一的。

因此之所以沒有實現名為「中國」的民族國家，其中的理由不光只是歸咎於與「民族主義」對立的列強「帝國主義」，我們更應該去探求與「中國」的歷史性現實產生脫離的「民族主義」。

三、革命

國民黨與共產黨

以客觀的角度來看，「中國」這個民族國家的形成儘管是一番獨到的見解，但的確也是推動歷史的一個原動力。而登場擔任了這份各方寄望的角色的，就是國民黨與共產黨。

革命家中最元老的孫文，在不斷的挫折當中，持續地順應內外的情勢，並發展自己的革命理論「三民主義」。在進入到一九二〇年代後，「三民主義」目標在反帝國主義，並成為包含社會主義的革命理論。

他在一九二四年，依照此路線而改組了國民黨。其中一個原因也是因為受到了俄羅斯革命很大的影響，他仿效了布爾什維克的蘇聯軍隊，建立了擁有嚴格紀律的集權組織，以及黨直屬軍隊的政軍一體制度。

早在一九二一年，第三國際（共產黨和共產主義組織的國際聯合組織）位於上海分部所組建的中國共產黨，在這一點上其實和國民黨並沒有什麼差異，因此國共幾乎就等同於打從同一個娘胎出生的雙胞胎。而隨著國民黨的改組，承認了共產黨員的加入，所謂的國共合作就此成立。

圖 42　蔣介石

儘管孫文在隔年的一九二五年便過世，但國共合作的「革命」站上反帝國主義的機運浪潮，顯著地擴大了勢力。而孫文的後繼者蔣介石（一八八七—一九七五年）率領了黨轄的國民革命軍，斷然北伐，並在南京樹立起國民政府，於一九二八年打倒北京政府，建立了全國政權的地位。

當時軍閥割據，列強在各處扶植勢力，各地呈現四分五裂的狀態。而且在內部也是貧富差距懸殊，社會上下的階層存在著極大的斷層。呈現如此狀態的「中國」必須要重新建立一個一元化的政權、有向心力的「國民」以及一體的社會，也就是脫胎換骨為一個統一的「國家」，這就是「國民革命」的課題。

但蔣介石的南京國民政府最終還是無法解決這個課題。執意於自身在滿洲的權益，並且助長「瓜分」的日本帝國主義，就是一面首先要面臨的高牆。而且國民黨與共產黨分道揚鑣後，產生了激烈的對立。蔣介石掌控了經濟命脈的江南與上海，獲得了英美的支持，並在一九二七年四月十二日大舉發動反共政變，斬斷了與蘇聯、共產黨的關聯。但國民政府已與一些和英美有緊密關聯的富裕人士一體化，因此無法克服既有的貧富差距、上下脫離的社會結構。無論對內對外、在空間上或社會上，都無法實現「中國」的統一。

從抗日戰爭到中華人民共和國

經歷世界恐慌進入一九三〇年代，日本建立了「滿洲國」，中日關係進入了交戰狀態。「抗日」的行動與「反帝國主義」與「民族主義」的理念一致，菁英領導階級抓住了此一機會，形成了第二次國共合作、民族統一戰線。透過日本帝國主義這個敵人的出現與存在，終於看見了對於民族國家的理念與行動的一致與一元化。

中日戰爭在一九三七年的盧溝橋事變、第二次上海事變而全面爆發，一開始日本處於優勢，逐一占領了大都市與主要的鐵路等重要地點與要衝。但國民黨與共產黨退到內陸，持續著頑強的抵抗。這樣的架構就彷彿是當初的南京國民政府。蔣介石占據了沿海的先進地帶，儘管維持著經濟與軍事上的壓倒性優勢，但卻無法撲滅內陸的地方軍閥與共產黨。

圖 43　毛澤東

抗日戰爭呈現了一場總體戰的樣貌。國共都被迫採取總動員的體制，也必須要對老百姓個別掌握，並集體動員。既有的政府長久以來未曾直接治理民間社會，因此這當然是無法做到的事。權力半強制的滲透到基層社會，也成為了上下一體化、社會一元化的契機。這時，經濟體制的變革也終於要開始了。

這場抗日戰爭在一九四五年，因為日本的戰敗而告終，但是卻不見和平的造訪。很快的國民黨與共產黨就發生了軍事衝突，開啟了內戰。而戰敗的是國民黨蔣介石這一方。

國民政府因戰爭而產生了經濟崩潰，再加上戰後失敗的經濟政策與貨幣管理，導致惡性通貨膨脹，儘管從日本手中奪回了沿海的都市區與經濟先進地區，但卻失去了民心。另一方面，率領中國共產黨的毛澤東（一八九三—一九七六年）從許久之前就以內陸的農村為勢力範圍。此次的內戰，共產黨以「農村包圍城市」為口號向國民黨發動挑戰，並經過了如口號一般的歷程獲得了勝利。在一九四九年十月一日，中華人民共和國正式建國。

戰時統治與計畫經濟

然而中華人民共和國的前途仍然多災多難。從抗日戰爭到國共內戰，這艘船的出航就始於十年以上的戰火。而且撤退到臺灣的國民黨，被迫牽扯進美蘇東西的冷戰結構當中，因此共產黨也不得不持續與之對峙。在建國沒多久的一九五〇年，又發生了朝鮮戰爭。這實在是危及其存亡的局勢。

然而這番內外舉步維艱的國運，反倒對民族國家「中國」的形成帶來了有利的一面。在抗日戰爭與國共內戰中獲得勝利的共產黨政權，在軍事與政治上實現了權力的統一，在中國大陸當中，失去了顯著的敵對勢力。過往的督撫與軍閥等割據，已不復存在。但另一方面冷戰的結構，也讓共產黨與西方各國之間的關係與交涉被極度限縮，在經濟上也極少有地方能與海外連結，因此國內的向心力也不斷提升。

過去的南京政府也曾嘗試透過幣制改革來統一貨幣，並為了保護與世界經濟有來往的沿海地區工商業，發行了能與英鎊、美元掛勾的「法幣」。法幣的信用靠著能與外幣兌換來支持，一旦發生了戰爭、內戰，法幣出現破綻，各地就出現各式各樣雜亂的貨幣與軍票，國民政府自然是無可避免地產生瓦解。

但是相對的，共產黨政權之下的大陸與世界經濟幾乎是斷絕的。反過來說，倒得以實現獨立且強大的統制經濟，並驅除了各地雜亂眾多的貨幣，最終公布了全國統一的管理貨幣制度「人民幣」。

所謂的統制經濟，實際上就是斷然實行計畫經濟、指令型經濟，其中有農村的農業的集體經營、都市的工商企業國營化等。這些都由政府當局、黨權力與民間的經濟活動密切聯繫，基層必須貫徹中央政府的決策。透過這樣的經濟政策，人口集中的農村逐漸縮短貧富差距，權力滲透不斷進行，幾乎都是零碎企業的工商業，對於國營化也沒有產生太大的抵抗。政權就這麼生根於在地社會，這在國民政府之前是不曾出現的。

但這種「計畫經濟」卻不見得符合經濟的合理性。倒不如說只是出自於當時強大的政治與軍事上的動機與壓力。畢竟與西方對抗時，重化學工業的發達與糧食增產是不可或缺之事，在基層的權力滲透，也是由抗日戰爭中的總動員體制所發展而來，倒不如將其看成是趁著戰時統治之勢、順應對外危機所採取的措施。

毛澤東的時代

計畫經濟的實行是社會主義化的一環，也是共產黨的政權必須要實現的目標之一。而從「中國」史上的脈絡來看，計畫經濟毫無疑問的也帶有革命性的意義。因為傳統的社會經濟結構的框架，獲得了一個契機，得以轉換成統合的國民經濟。其產生的土地改革、貨幣統一都是典型的例子，為上下乖離的二元化社會結構與空間性多元而分散的市場結構，帶來了變化。

一體化的民族國家，正是二十世紀的「中國」的願望。不過共產黨政權帶來的一體化，對當時的「中國」人而言，究竟是不是幸福，那又是另一個問題了。從一九五六年起的「百花齊放、百家爭鳴」到反右派鬥爭、「大躍進」的史實歷程，都訴說了這之間的情況變化。

「百花齊放、百家爭鳴」是一九五五年由於在蘇聯對史達林提出了批判，為了消除對共產黨統治的不信任，鼓勵城市中的知識分子自由地言論，也就是為了企圖洗白、釋放民間壓力而發起的活動。但一旦開始了之後，卻出現了出乎意料的體制批判與對黨幹部的責難。共產黨政權大為吃驚，立刻轉為壓制言論，為批判者貼上「右派」的標籤，並剝奪知識分子的社會地位。

這場反右派鬥爭，使得中國失去了主導文藝思想、科學技術的重要舵手，導致發展上嚴重地落後，很快地就產生了「大躍進」的悲劇。「大躍進」是為了讓激進的社會主義化達成高度經濟成長的計畫，按照計畫，只要照著國家的計畫動員所有的人民，農工業就能達成一年增產百分之二十的成果。這當然是一場脫離常軌、極度畫餅充飢的運動，不僅為經濟帶來了大混亂，更出現了數千萬人因饑荒而死的大災難。

實際運作政權的是國家主席劉少奇（一八九八—一九六九年）與總書記鄧小平（一九〇四—一九九七年），他們代替了主導大躍進的毛澤東，為了重建凋敝的經濟，實行了部分市場經濟。或許是有效果，在一九六〇年代後半，終於看到了生產回復的跡象。但毛澤東卻強烈地反擊，並發動了眾所周知的文化大革命。

從文化大革命到社會主義市場經濟

一開始，毛澤東便在攻擊目標劉少奇的身上貼上了「實權派」、「走資派」的標籤。「走資派」帶著背叛社會主義、轉向資本主義的意味，毛澤東就是計畫要從這些人手中奪取「實權」。

若只是如此，那只不過是權力鬥爭的戰術罷了。而實際上文化大革命的本質似乎也不過如此。但是比這個更重要的，則是呼應了此戰術，並且竭盡所能施以暴行所出現的紅衛兵，以及讓這場政治運動一發不可收拾的過程。

劉少奇等掌握了「實權」的領導階級與知識分子，受到了殘酷的憎恨與迫害，出現了不計其數的犧牲者。紅衛兵以及供給紅衛兵的下層階級，會如此敵視上層的菁英分子，是因為這些人對他們而言，就是本質上的外來者與敵人。在空間上，雙方也有很大的差異，菁英分子大多出身於富裕的城市，並與農村出身的下層階級有著隔閡。這場災難也是由於這種二元對立的社會結構所導致的。

「要統一這種二元對立的社會、下層階級必須打敗上層階級」，這或許就是毛澤東所提倡的「階級鬥爭」與「社會主義」。對他自身而言，這樣的架構恐怕從國共相剋的時期起，就一貫而未曾改變。的確從後世來看，劉少奇等人的政策違反了毛澤東的本意，其方向性也有著應該要讓「中國」回頭走向「社會主義化」二元對立舊社會的道路。因此在文化大革命時便認為，為了否定這種做法，就要否定上層菁英階級的存在，並原原本本地實行了這樣的想法，導致紅衛兵的動員與跋扈。

文化大革命最終以慘澹的結果告終，尤其是經濟的衰退最為顯著。這也是「走資派」鄧小平重新掌權的原因。毛澤東式的「革命」、「階級鬥爭」無法達成上下的一體化，因此轉向維持二元結構、維持共產黨的統治，並重新復活經濟的方針。到了一九七八年，開始了「改革開放」，其後又實行了「社會主義市場經濟」的體制。

「社會主義市場經濟」仍然由信奉「社會主義」的共產黨一手把持獨裁政權，並在民間引進「市場經濟」重新建立國家經濟。進入一九九〇年代後，全面啟動了這個「市場經濟」，歷經了一段不算短的時間，中國終於實現了高度成長，其結果就是成為了今天的經濟大國。

「社會主義市場經濟」在權力與民間相互分擔不同角色這點上，相當於毛澤東當年無法克服的二元對立的社會架構。不過就無可避免地出現過去上下乖離、二元對立的特質與弊病。這也就是今天中國的「貧富差距」與「腐敗」。

「一個中國」與其矛盾

持續發展的經濟，產生了對財富貪得無厭地追求，貧富差距擴大、貪汙腐敗蔓延、犯罪處處可見，引來了社會動盪與治安的惡化。這種趨勢在前任領導者胡錦濤（一九四二—）時期就已相當顯著，當然最有危機意識的就是當事者的中國共產黨本身了。也因此反貪的行動、強化法治、限制言論不遺餘力的習近平政權（一九五三—）迅速地成為了安定的基石，這也是我們所親眼見證的歷程。

事實上，現代中國的經濟發展就是從透過對外的開放，積極地吸收外資開始的。若說過去的市場結構是因應外部需求的多寡，而影響經濟景氣的高低，那麼這樣的結構原理仍然是存在的。隨著經濟的發展，貧富差距也不斷擴大，這樣的狀況同樣也能套用在內陸與沿海的地區性關係。在二十世紀的尾聲，中國發起了促進內陸再開發的「西部大開發」經濟戰略，這不僅可說是必然的結果，也可說是歷史的課題。

圖 44　習近平

如此一來，與外國有所聯繫

的地區是否又會開始出現分離的傾向？而「瓜分」的噩夢是否又會再次出現呢？統治了大陸的中國共產黨，也無可逃脫這種對外的既視感與恐懼。

在國共內戰之後，至今仍隔著一道海峽彼此對峙的臺灣，正是如此。與西方合作，早一步達成了經濟成長的臺灣，在一九八〇年代之後，與大陸政權「中國」呈現了鮮明而不同的樣貌，並且也獲得了美國與日本等國的支持。因此共產黨政權不能讓臺灣「獨立」、脫離「中國」，並堅守「中國」的一體性，也就是「一個中國」。從歷史來看，這樣的問題不可能只發生在臺灣身上。

從民國時代就標榜著由「五族」而成立的「中華民族」的「統一」，在現實中也是完全相反的。例如博克多汗政權下的蒙古，儘管已在辛亥革命時宣布「獨立」，但卻在條約上被明確記載是「領土的一部分」，到一九二〇年代才以社會主義國家的立場，在名義與實質上得以實現獨立，並維持著同樣的體制直到今天。

原本應該是「領土」的舊「藩部」的脫離，對「中國」而言是無法接受的事。之後的政權不論是國民政府還是中國共產黨，都不願重蹈覆轍。

在辛亥革命時由督撫重權轉移為軍閥統治的新疆省，在一九三〇、四〇年代有穆斯林住民（回族）在喀什、伊犁建立東突厥斯坦共和國，企圖脫離「中國」而「獨立」。但此舉相當孱弱，很快就歷經了失敗，這番歷程就彷彿是過去張格爾之亂、阿古柏政權再現一般，這樣的局勢一直持續到十年前左右的「維吾爾動亂」。

習近平的現狀

新疆被中華人民共和國「解放」，並成為構成「中華民族」的「少數民族」之一的「維吾爾族」的「自治區」。這自然是新的「領土主權」之舉。直至今日，仍以「職業訓練」為名，實行著民族同化，這已是眾所皆知之事。或許是恐懼於過去阿古柏政權會再度出現吧。

這之間的事多多少少與內蒙古等其他的「自治區」是大同小異的。其中最具代表性、最嚴重的就是西藏。西藏在民國初年其實是達成了實質上的獨立。但國民政府儘管忌憚著作為後盾的英國，卻仍然固執的對東西藏＝「西康省」實行內地化，到了第二次世界大戰時，英國因戰爭國力疲弊，相鄰的印度一獨立，中華人民共和國就立刻派遣壓倒性的軍力前往拉薩，實現了

「解放」。

在同時發生了朝鮮戰爭的一九五〇年代，進駐拉薩或許已被視為是與東方危機並行，決定「領土」統一的生死存亡重要時機了吧。以中國的立場來看，剛建國不久就憑著實力解決了國難，但反過來站在朝鮮半島的立場，則是歷經了南北韓分裂；而西藏是經過了動亂與鎮壓，導致達賴喇嘛十四世（一九三五—）必須要逃亡印度。若是「中國」以及「領土主權」無法確立，那麼至今仍未找到解決線索的半島問題與西藏問題，就可說是直接的出發點了。

這「一個中國」、「中國」統一與其所引發的矛盾，並非是從今天的習近平政權才開始的問題，而有著始於二十世紀初期以來的歷史性淵源，而且必須要往前回溯到清朝多元共存的體制去思考，才能理解。

眼前的中國除了有新疆、香港、臺灣等極端尖銳的問題，也有圍繞在南海及釣魚臺等幾乎被遺忘的「領土」之爭。習近平體制企圖透過「社會主義強國」化來達成「中華民族偉大的復興」，並絲毫不改其強硬的姿態。若將此政治強權看作是「在清朝政權之後，不得不與儼然存在的歷史舊制格鬥，所顯現出來的政權宿命性的弱點」，那是否算是身為歷史學家的偏見呢？

終章　紛亂的現代

「中國夢」與「中華民族」

本書起筆始於一六〇〇年，橫跨了四百二十年的時間。而我們眼前的世界也仍在激烈地變動著。被稱為「社會分裂」的美國、決定脫離歐盟的英國、內戰不斷的敘利亞、因核彈問題而動盪的伊朗、反覆內外對立的印度等，這些問題都持續無法解決，而新的問題仍不斷出現。在年表數字上剛好是一個段落的二〇二〇年，在後世眼裡，他們又會如何闡述呢？

這個問題或許只有神才知道了吧。然而有一點是絕不會錯的，想要考察這個紛亂、充滿火藥味而多災多難的現代世界，絕不能忽略我們東亞這個地區。經常出現在即時報導的香港示威運動、新疆的「職業訓練所」、臺灣的總統選舉、南北韓的問題等。要說這些問題都與「中國」相關，實在也不為過。

而這個「中國」的領導者、中華人民共和國目前的國家主席習近平，高唱著「中國夢」（Chinese Dream）。而這個「中國夢」的基礎就是「中華民族的偉大復興」。把這裡的「中華民族」翻譯成英文的話，就會變成the Chinese nation。而要將之「復興」，意味著對於原本nation有缺陷的狀態視而不見，也不考慮到事實上對於這些缺陷應該做的恢復是什麼。

這個理論其實是讓人存疑的。讓我們先忽視在語言學上以及更根本的問題上，把「中國」翻譯成China是否適切吧。「中華民族」的存在與「復興」這種說法，實在很讓人感到疑惑。這難道是回溯了四百二十年的歷史後，所得到的單純結論嗎？

構成所謂「中國」這個國家nation-state的nation是「中華民族」。若要是一個獨一無二的民族國家，那麼無論是「中國」或「中華民族」，都必須只有一個，因此要把這個「中華民族」定義為「多元一體」。既然是「一體」，那麼就必須是一個，但原本卻是「多元」的。如果目前是計畫並朝著「一體」化而進行中，那麼就不能說現在已經是「一體」了。這就是「中華民族」這個「多元一體」是「夢」的原因。

誠如這本書所敘述的，若回溯歷史，就會發現這個「一體」的「中華民族」並不存在。想要回復過去不存在的東西，是不可能的事，因此「復興」並不是現實，只能是一場「夢」。

清朝的時代性地位

東亞「多元」的趨勢與狀態，在明末的混亂中就已經開始。而這個多元化逐漸混亂，起因自明朝朝貢一元體制等目標達成一元化，而僵化且毫無彈性的制度，這些制度都加速了混亂。而這番體制與現狀的衝突所產生的狀況，也就是制度疲勞所帶來的結果，因此藉由多元化這個順應情勢的體制改革與制度改革，就能收拾混亂。

清朝恰巧扮演了這個角色，讓明朝時期無法安穩的東亞，在滿清治下得以恢復和平並帶來繁榮。這正是在歷史上清朝存在的意義。

這是非常重要的成果，但我們也不應該被此迷惑，而過度評價清朝的實力與政績。畢竟滿清並沒有將多元轉化為一元的力量，只是透過「因俗而治」這種對症下藥的療法來達到多元共存而已。

例如雍正皇帝刻意挑戰了改革漢人統治這個極為艱鉅的課題。然而儘管

表 2　從清朝到「中國」

	周邊國	南洋・西洋	日本	臺灣	東三省	內蒙古	新疆	華北	江南	西藏	外蒙古
18 C（清朝）	屬國	互市	互市	直省	藩部	藩部	藩部	直省	直省	藩部	藩部
1860 北京條約 1871 中日修好條規 1895 馬關條約 1907 東三省建省 1911 辛亥革命 1931 九一八事變 1949 中華人民共和國	朝鮮獨立		明治日本	日治時期 中華民國	「滿洲國」	「滿洲國」	阿古柏政權 軍閥混戰	督撫重權	督撫重權	達賴喇嘛政權 西康	博克多汗國 蒙古人民共和國
21 C（現在）	外國	外國	外國	臺灣	「中國」 東北	「中國」 內蒙古自治區	「中國」 維吾爾自治區	「中國」	「中國」	「中國」 西藏自治區	蒙古國

是勤奮無比的皇帝，所達到的成果終究也只停留在順應既有的體制、除去舊習弊病罷了。

在滿清歌頌繁華盛世的十八世紀，也是西方近代化、進入世界經濟的歷史性新階段。東亞的繁榮也造就了漢人社會的人口激增、移民與開發的進展、流動率提升。這種前所未有的膨脹擴大，已經不再是「因俗而治」這種對症下藥的療法，就能維持安定的狀態了。滿清無法跟上這股浪潮，想當然也是失去了雍正皇帝改革所獲得的成果。

不諱言的說，那是政府權力無法控制民間社會的狀態，而這個狀態其實在十七世紀明朝滅亡時，就已不證自明了。這並不是滿清之罪，而是漢人社會既有的積弊，明末的黃宗羲與顧炎武等人也感嘆起因於將天下「私有化」所導致的「衰世」、「亡天下」，並摸索試圖找出一套新的體制。

但是這對清朝而言，或許是過於沉重的負擔。就連雍正皇帝都無能為力，最終出現了地方民間的體制偏離、多元勢力的混亂化等現象。這完全是重演了過去明朝制度疲勞所呈現的狀況。

黃宗羲、顧炎武的論述跨越了三百年的光陰，重新復活於清朝末年「革命」的口號當中，就是對這個事實最佳的雄辯。島田虔次在評論中說「清末是歷經了西方衝擊的明末」，而這番評論已不再局限於「思想史」的範疇之內了。

朝著「夢想」前進

不僅僅是清朝，整個東亞的多元勢力勢不可擋，和平與繁榮已無法實現。而歷史經常是殘酷的。在無力之下竭盡全力的清朝，也在「革命」聲中滅亡。高呼「排滿」並取代清朝的漢人們，究竟對滿清的歷史性地位又有多少瞭解呢？

從清末到現代的歸向，誠如〔表2，二四六頁〕所示。

二十世紀初期，「中國」的「一體」化取代了清朝這個多元共存的體系。經歷過去督撫重權，當時試圖「一體」的「中國」以〔表2〕來看，就是相當於從「東三省」到「外蒙古」的大範圍，在日本戰敗後，當然更包含了臺灣。

對於這種「中國」化的動作，各地都出現了反彈，過去的「藩部」邁向「獨立」，而「華北」、「江南」各省也無可避免陷入軍閥混戰而分立。在國民黨、共產黨掌握政權後，又出現了對這種形勢反抗的力量，終於企圖要實現「一體」的「中國」了。二十世紀的「中國」史，正是這種多元勢力蔓延的「一體」與分立之間的相互拉扯。

而今天已經是二十一世紀了。無論是「多元一體」的「中華民族」，或是「一個中國」，都仍在「夢」的階段，看不見實現的可能性。臺灣與大陸保持著距離，新疆、西藏、內蒙古等被包含在「中國」內部的「自治區」，則是不斷地上演紛爭，原本應該「回歸」「中國」的香港，也陷入「一國兩制」無法運作、走樣變調的現狀。難道正因如此，政府才更是執著於「夢」的實現呢？

光看〔表2〕的範圍，我們可說清朝失去了多元共存，混亂也更加惡化了。這個趨勢關係到二〇二〇年之後，未來年代的展望。

從十七世紀起，逐漸形成了一個全球化的世界，歷經了四百二十年的歷史，這段歷史究竟有什麼樣的意義？現代的東亞，陷入了比過去更深的混亂，是否正是因為找不到其中的答案呢？在訴說著未來的「夢想」之前，或許更應該重新審視走過的這段歷史事實吧。

後記

「中國」這一詞，在三千多年前西周初期的年代裡，是用來指首都周邊地區的用詞。

這是本書系列第一卷開卷劈頭的第一個章節句子。所謂的「首都」，主觀上指的是天下的中心、世界的首邑。這除了是獨一無二的存在之外，既然是主觀認定，那麼任何地方都有可能被稱為「中國」。

而這個概念成為今天的「中國」這個漢語，最終成為稱呼特定場所、國家的歷程，這已在我的拙著中提到過，在此便不再贅述。隨著「中國」這個稱呼所意指的態度與內涵產生改變，字面上的意味與內涵也發生了變化。

然而如果要問「三千多年前西周初期」以來的意涵已完全變化並消失了嗎？那麼答案似乎是否定的。首邑、中心這個過去的意思與自稱、專有名詞結合在一起，成為了「中國」這個現代的國名，而這也造就了「中國人」意識與行動的框架。

對於使用漢語，但其實對漢語相當生疏的日本人來說，不太了解這箇中微妙的差異。然而這麼一來就無法看清楚「中國的歷史」與現代的「中國」。儘管我的著作誠如「拙作」這二字，但若是提供了一些能窺見現代歷史的線索，那將會是我至高無上的喜悅。

為了總結「中國的歷史」系列，我在此想簡單記錄一下出版的源起。

岩波新書的通史系列包含了日本近現代史與中國近現代史，皆博得了好評。日本史在出版後接著又出了古代史、近世史、中世史等，但中國史卻只有近現代史。這樣的狀況實在是感覺不太協調。

因此就開始了「中國的歷史」的企畫。到此為止都還算簡單。然而在「系列叢書」當中，究竟要放入哪些內容呢？我們從一開始就相當苦惱於這個課題。中國能夠像日本史一般，分成「古代」、「中世」與「近世」嗎？實際上，對於研究「中國歷史」的人而言，時代的區分模糊不清，這一點早已是這個領域的常識了。

提到由數本書所構成的中國通史，過去已出現過不少優秀的叢書了。按照這些先例，沿著時間軸排列以時代或政權作區分，是最正統的做法。不過如果按照幾乎沒有改變的框架，那麼書的內容或許也會跟過去差不了太多，既然如此那就沒必要特地發行新書了。

既然要出的話……我們就這樣想著，靠著一股嘗試的冒險心情做出了提案，而這個提案就是本系列每一卷開頭所敘述的架構。慶幸的是，這個提案得到了出版社與執筆者們的贊同，經過多次討論最終得以具體化，並在二〇一六年七月末得以成案。經歷了快要四年的時間，努力終於抵達了終點。

在此我要感謝在忙碌之中，抽空負責執筆的各冊作者們，以及行事縝密周到的編輯們：岩波書店的永沼浩一、中山永基、杉田守康，我要向他們致上我最高的謝意。

至於本書，也要感謝飯田建細心的激勵與鞭策，讓我在終年疲勞的殘喘狀況下，使此書得以付梓。另外我可敬的友人君塚直隆、村上衛、根無新太郎，也總是對我毫不保留地賜教。在此特筆以表達我的感謝。

二〇二〇年三月　凝視著因新冠肺炎而動盪的日本、中國與世界

岡本隆司

1912	中華民國成立。宣統帝退位
1913	二次革命
1915	日本提出對華21條要求。袁世凱帝制。護國運動（討袁戰爭）
1917	對德、奧宣戰。俄國革命
1919	五四運動。中國國民黨成立
1921	中國共產黨成立
1924	中國國民黨改組，第一次國共合作（—1927）
1926	國民政府第一次北伐開始
1927	蔣介石反共政變，建立南京國民政府
1928	第二次北伐
1931	滿洲事變
1932	「滿洲國」成立
1933	東突厥斯坦共和國成立（—1934）
1937	蘆溝橋事變。第二次上海事變。第二次國共合作（—1945）
1945	日本降伏
1949	中華人民共和國成立。國民政府搬遷臺灣
1950	朝鮮戰爭（—1953）
1951	進駐拉薩
1956	百花齊放、百家爭鳴
1957	反右派鬥爭（—1958）
1959	西藏動亂、達賴喇嘛十四世流亡
1966	文化大革命（—1976）
1976	毛澤東逝世
1978	改革開放
1989	第二次天安門事件
1993	憲法明定「社會主義市場經濟」
1997	鄧小平逝世。香港回歸
2000	西部大開發
2008	西藏反政府抗議行動
2009	新疆維吾爾事件
2013	習近平就任國家主席

1840 英國向中國派遣遠征軍
1842 簽訂南京條約
1851 太平天國舉兵
1856 亞羅號戰爭
1858 簽訂天津條約
1860 英法聯軍進入北京，與英法簽訂北京條約
1861 設立總理衙門。辛酉政變
1862 李鴻章編制淮軍
1864 太平天國滅亡。新疆回亂
1868 淮軍制服捻軍
1871 日清修好條規。俄羅斯占領伊犁地區
1873 左宗棠平定「回亂」
1874 臺灣出兵事件
1876 簽訂江華島條約
1877 阿古柏逝世，喀什政權瓦解
1879 日本併吞琉球
1881 伊犁條約
1882 壬午兵變，派兵首爾
1884 中法戰爭（—1885）、設立新疆省。甲申政變，中日在首爾發生武力衝突
1885 中日天津條約。中法天津條約
1894 東學黨事變。甲午戰爭（—1895）
1895 簽訂馬關條約。三國干涉
1896 中俄密約。俄羅斯獲得中東鐵路建設權
1898 德國占領膠州灣。戊戌變法
1900 義和團事變
1901 辛丑條約
1902 英日同盟。梁啟超創刊《新民叢報》
1904 日俄戰爭（—1905）。英藏簽訂拉薩條約
1905 樸茨茅斯條約。日本獲得建設南滿洲鐵路等權利
1907 東三省設置總督
1910 進攻西藏、占據拉薩（—1911）
1911 辛亥革命。蒙古獨立宣言、哲布尊丹巴呼圖克圖（博克多汗）即位

簡略年表

由於西曆與中國舊曆並非完全一致，西曆標示為大致上的推測。

1583	努爾哈赤舉兵
1616	努爾哈赤即位
1634	皇太極遠征蒙古
1636	大清國建國。丙子胡亂（—1637）
1644	多爾袞越過山海關進入北京（入關）
1661	鄭成功占領臺灣，康熙帝即位
1662	南明滅亡
1663	《明史》事件，莊廷鑨等人被處刑（文字獄）
1670	顧炎武《日知錄》初刻出版
1673	吳三桂舉兵，三藩之亂（—1681）
1683	鄭氏政權降伏，併吞臺灣
1684	海禁解除
1688	準噶爾制服噶爾丹與喀爾喀
1689	尼布楚條約
1697	康熙帝親征，噶爾丹滅亡
1720	西藏歸順
1722	雍正帝即位
1726	科舉出題事件，查嗣庭等人被處刑（文字獄）
1727	恰克圖條約
1735	乾隆帝即位
1755	準噶爾滅亡
1759	占領葉爾羌，完全征服東突厥斯坦，新疆成立
1782	《四庫全書》編纂完成
1793	馬戛爾尼使節團。乾隆帝下敕書予喬治三世
1796	白蓮教叛亂（—1804）
1799	乾隆帝駕崩
1826	新疆張格爾叛變
1839	林則徐銷毀鴉片

梁啓超／岡本隆司・石川禎浩・高嶋航訳『梁啓超文集』岩波文庫，2020年

以上以日文且值得信賴的著作為中心，列舉了在拙著中所引用之文獻與翻譯書，並加上了少數雜誌論文。我盡量選擇了一些較易取得且易懂的著作，但也有非屬此類的論點，因此也加入一些學術書籍與學術論文。

儘管遵循著本系列整體的方針，但在此點之上，仍有可能會招致誤解，因此在最後加上補充說明。

雖然研究日新月異，但人文學——尤其是歷史學，與理科、自然科學不同，並非越新的研究成果越好、依據越足夠。特別是站在「通史」立場之上的「中國歷史」，更是有這種傾向，因此需要格外注意。在拙作的本文當中所提到的英語圈中，與東亞相關的世界史各種學說，就可稱得上是典型的這類例子。本書全系列不僅是中文圈，對日文論著也秉持著相同的態度，在這個全球化的時代當中，更應該要謹慎確認。

第五章、終章

石濱裕美子『清朝とチベット仏教——「菩薩王」となった乾隆帝』早稲田大学出版部，2011年
市古宙三『近代中国の政治と社会』増補版，東京大学出版会，1977年
岡本隆司『袁世凱——現代中国の出発』岩波新書，2015年
岡本隆司『東アジアの論理——日中韓の歴史から読み解く』中公新書，2020年
岡本隆司編『宗主権の世界史——東アジアの近代と翻訳概念』名古屋大学出版会，2014年
木越義則『近代中国と広域市場圏——海関統計によるマクロ的アプローチ』 京都大学学術出版会，2012年
笹川裕史『中華人民共和国誕生の社会史』講談社選書メチエ，2011年
島田虔次『中国革命の先駆者たち』筑摩叢書，1965年
島田虔次『中国思想史の研究』京都大学学術出版会，2002年
橘誠『ボクド・ハーン政権の研究——モンゴル建国史序説1911-1921』風間書房，2011年
田中克彦『草原の革命家たち——モンゴル独立への道』増補改訂版，中公新書，1990年
ジェローム・チェン／北村稔・岩井茂樹・江田憲治訳『軍紳政権——軍閥支配下の中国』岩波書店，1984年
野沢豊編『中国の幣制改革と国際関係』東京大学出版会，1981年
狭間直樹『梁啓超——東アジア文明史の転換』岩波現代全書，2016年
溝口雄三ほか編『アジアから考える［3］周縁からの歴史』東京大学出版会，1994年
村松祐次『中国経済の社会態制』東洋経済新報社，1949年（復刊版1975年）
安冨歩・深尾葉子編『「満洲」の成立——森林の消尽と近代空間の形成』名古屋大学出版会，2009年
吉澤誠一郎『愛国主義の創成——ナショナリズムから近代中国を見る』岩波書店，2003年

宮崎市定『宮崎市定全集13 明清』岩波書店，1992年
宮崎市定『宮崎市定全集17 中国文明』岩波書店，1993年

第四章

岡本隆司『属国と自主のあいだ——近代清韓関係と東アジアの命運』名古屋大学出版会，2004年
岡本隆司『世界のなかの日清韓関係史——交隣と属国，自主と独立』講談社選書メチエ，2008年
岡本隆司『李鴻章——東アジアの近代』岩波新書，2011年
小沼孝博『清と中央アジア草原——遊牧民の世界から帝国の辺境へ』東京大学出版会，2014年
片岡一忠『清朝新疆統治研究』雄山閣，1991年
フィリップ・A・キューン／谷井俊仁・谷井陽子訳『中国近世の霊魂泥棒』平凡社，1996年
斯波義信『華僑』岩波新書，1995年
豊岡康史『海賊からみた清朝——18～19世紀の南シナ海』藤原書店，2016年
野田仁『露清帝国とカザフ=ハン国』東京大学出版会，2011年
坂野正高『近代中国外交史研究』岩波書店，1970年
マカートニー／坂野正高訳注『中国訪問使節日記』平凡社東洋文庫，1975年
三田村泰助「満州族支配の落日」田村実造編著『世界の歴史9 最後の東洋的社会』中公文庫，1975年，所收錄
村上衛『海の近代中国——福建人の活動とイギリス・清朝』名古屋大学出版会，2013年
柳澤明「ロシアの東漸と東アジア——19世紀後半における露清関係の転換」和田春樹ほか編『岩波講座　東アジア近現代通史1　東アジア世界の近代 19世紀』岩波書店，2010年，所收錄

について」『東洋史研究』第62巻第3号，2003年
吉田金一『ロシアの東方進出とネルチンスク条約』近代中国研究センター，1984年

第二章

植村清二『アジアの帝王たち』中公文庫，1988年
岡洋樹『清代モンゴル盟旗制度の研究』東方書店，2007年
岡本隆司『腐敗と格差の中国史』NHK出版新書，2019年
宮崎市定『宮崎市定全集14　雍正帝』岩波書店，1991年
柳澤明「康熙56年の南洋海禁の背景――清朝における中国世界と非中国世界の問題に寄せて」『史観』第140冊，1999年

第三章

岸本美緒「清朝とユーラシア」歴史学研究会編『講座世界史2　近代世界への道――変容と摩擦』東京大学出版会，1995年，所收錄
岸本美緒『清代中国の物価と経済変動』研文出版，1997年
黒田明伸『中華帝国の構造と世界経済』名古屋大学出版会，1994年
黒田明伸『貨幣システムの世界史』岩波現代文庫，2020年
滋賀秀三『清代中国の法と裁判』創文社，1984年
斯波義信『中国都市史』東京大学出版会，2002年
島田虔次『朱子学と陽明学』岩波新書，1967年
檀上寛『明朝専制支配の史的構造』汲古書院，1995年
豊岡康史・大橋厚子編『銀の流通と中国・東南アジア』山川出版社，2019年
原洋之介『アジア型経済システム――グローバリズムに抗して』中公新書，2000年
J・R・ヒックス／新保博・渡辺文夫訳『経済史の理論』講談社学術文庫，1995年
溝口雄三ほか編『アジアから考える［6］長期社会変動』東京大学出版会，1994年

ジョン・ブリュア／大久保桂子訳『財政＝軍事国家の衝撃——戦争・カネ・イギリス 国家1688-1783』名古屋大学出版会，2003年
山口瑞鳳『チベット』下，東京大学出版会，1988年
吉田金一『近代露清関係史』近藤出版社，1974年
吉田順一監修・早稲田大学モンゴル研究所編『モンゴル史研究——現状と展望』明石書店，2011年

導言、第一章

石橋崇雄『大清帝国への道』講談社学術文庫，2011年
石濱裕美子『チベット仏教世界の歴史的研究』東方書店，2001年
岩井茂樹『朝貢・海禁・互市——近世東アジアの貿易と秩序』名古屋大学出版会，2020年
岡田英弘『康熙帝の手紙』藤原書店，2013年
パミラ・カイル・クロスリー／佐藤彰一訳『グローバル・ヒストリーとは何か』岩波書店，2012年
承志『ダイチン・グルンとその時代——帝国の形成と八旗社会』名古屋大学出版会，2009年
杉山清彦『大清帝国の形成と八旗制』名古屋大学出版会，2015年
田代和生『書き替えられた国書——徳川・朝鮮外交の舞台裏』中公新書，1983年
谷井陽子『八旗制度の研究』京都大学学術出版会，2015年
野見山温『露清外交の研究』酒井書店，1977年
K・ポメランツ／川北稔監訳『大分岐——中国，ヨーロッパ，そして近代世界経済の形成』名古屋大学出版会，2015年
松浦茂『清の太祖　ヌルハチ』中国歴史人物選第11巻，白帝社，1995年
宮脇淳子『最後の遊牧帝国——ジューンガル部の興亡』講談社選書メチエ，1995年
村上信明『清朝の蒙古旗人——その実像と帝国統治における役割』風響社・ブックレット《アジアを学ぼう》4，2007年
柳澤明「1768年の「キャフタ条約追加条項」をめぐる清とロシアの交渉

主要參考文獻

與全書相關之文獻

安部健夫『清代史の研究』創文社，1971年
岩井茂樹『中国近世財政史の研究』京都大学学術出版会，2004年
岡田英弘・神田信夫・松村潤『紫禁城の栄光――明・清全史』講談社学術文庫，2006年
岡本隆司『近代中国と海関』名古屋大学出版会，1999年
岡本隆司『近代中国史』ちくま新書，2013年
岡本隆司『中国の論理――歴史から解き明かす』中公新書，2016年
岡本隆司『中国の誕生――東アジアの近代外交と国家形成』，名古屋大学出版会，2017年
岡本隆司『清朝の興亡と中華のゆくえ――朝鮮出兵から日露戦争へ』叢書「東アジアの近現代史」第1巻，講談社，2017年
岡本隆司『世界史序説――アジア史から一望する』ちくま新書，2018年
岡本隆司編『中国経済史』名古屋大学出版会，2013年
岡本隆司・箱田恵子編『ハンドブック近代中国外交史――明清交替から満洲事変まで』ミネルヴァ書房，2019年
岸本美緒『東アジアの「近世」』山川出版社・世界史リブレット，1998年
岸本美緒『風俗と時代観――明清史論集1』研文出版，2012年
岸本美緒『地域社会論再考――明清史論集2』研文出版，2012年
岸本美緒・宮嶋博史『世界の歴史12　明清と李朝の時代』中央公論社，1998年
島田虔次『中国の伝統思想』みすず書房，2001年
檀上寛『天下と天朝の中国史』岩波新書，2016年
長谷川貴彦『産業革命』山川出版社・世界史リブレット，2012年
坂野正高『近代中国政治外交史――ヴァスコ・ダ・ガマから五四運動まで』　東京大学出版会，1973年

圖29……宋兆霖主編『百年回眸——故宮禁城及文物播遷影像特展』國立故宮博物院，2016年
圖34……Kim Hodong, Holy War in China: The Muslin Rebellion and State in Chinese Central Asia, 1864-1877, Stanford University Press, 2004
第五章章名頁……孟瓏「嚴復《原富》一點歷史」『文匯報』
(https://dy.163.com/article/ELF1D7S905506BEH.html)
圖35＊……菊池秀明『ラストエンペラーと近代中国——清末中華民国』講談社，2005年
圖40＊……木越義則『近代中国と広域市場圏——海関統計によるマクロ的アプローチ』京都大学学術出版会，2012年
圖41……岡本隆司『袁世凱——現代中国の出発』岩波新書，2015年

表1、表2……作者製成

製圖：前田茂實（卷頭地圖、圖5、圖7、圖11、圖13—圖17、圖27
圖35、圖40、圖41）

圖表出處一覽

標註＊記號即為刊登時加入了變更

iv頁地圖＊……岡本隆司『中国の誕生——東アジアの近代外交と国家形成』 名古屋大学出版会，2016年
第一章章名頁、圖44……Getty Images
圖1—圖4、圖6、圖8、圖12、第三章封頁、圖20—26、圖28、圖31—33、圖36—39、圖42、圖43……Wikimedia Commons
圖5＊……朴漢済編、吉田光男訳『中国歴史地図』平凡社，2009年
圖7＊……増井経夫『大清帝国』講談社学術文庫，2002年
圖9……Rubin Museum of Art, Gift of the Shelley & Donald Rubin Foundation, F1996.29.3, HAR506
(https://rubinmuseum.org/collection/artwork/the-fifth-dalai-lama-ngagwang-lobzang-gyatso-1617-1682)
圖10……*Сборник договоров России с Китаем*. 1689-1881 гг., СПб: Министерства иностранных дел, 1889.
第二章章名頁……劉錚雲主編『知道了——硃批奏摺展』國立故宮博物院，2004年
圖11＊……『詳説世界史B』山川出版社，2015年
圖13……岡本隆司『李鴻章——東アジアの近代』岩波新書，2011年
圖14……豊岡康史・大橋厚子編『銀の流通と中国・東南アジア』山川出版社，2019年
圖15＊、圖16＊、圖17……岡本隆司『近代中国史』ちくま新書，2013年
圖18、圖19、圖30……作者製成
第四章章名頁……大英圖書館館藏（亞洲歷史資料中心、大英圖書館聯合線上特別展「描かれた日清戦争——錦絵・年画と公文書」
(https://www.jacar.go.jp/jacarbl-fsjwar-j/smart/gallery/gallery018.html)
圖27＊……岸本美緒『中国の歴史』ちくま学芸文庫，2015年

【岩波新書·中國的歷史】5
中國的形成

2021年11月初版
有著作權・翻印必究
Printed in Taiwan.

定價：單冊新臺幣350元
一套新臺幣1750元

著者 岡本隆司
譯者 郭凡嘉
叢書主編 王盈婷
校對 馬文穎
內文排版 極翔企業
封面設計 許晉維

出版者 聯經出版事業股份有限公司
地址 新北市汐止區大同路一段369號1樓
叢書主編電話 (02)86925588轉5316
台北聯經書房 台北市新生南路三段94號
電話 (02)23620308
台中分公司 台中市北區崇德路一段198號
暨門市電話 (04)22312023
台中電子信箱 e-mail：linking2@ms42.hinet.net
郵政劃撥帳戶第0100559-3號
郵撥電話 (02)23620308
印刷者 文聯彩色製版印刷有限公司
總經銷 聯合發行股份有限公司
發行所 新北市新店區寶橋路235巷6弄6號2樓
電話 (02)29178022

副總編輯 陳逸華
總編輯 涂豐恩
總經理 陳芝宇
社長 羅國俊
發行人 林載爵

行政院新聞局出版事業登記證局版臺業字第0130號

本書如有缺頁，破損，倒裝請寄回台北聯經書房更換。 ISBN 978-957-08-6053-5 (平裝)
聯經網址：www.linkingbooks.com.tw
電子信箱：linking@udngroup.com

Series CHUGOKU NO REKISHI, 5 vols
Vol. 5, "CHUGOKU" NO KEISEI: GENDAI ENO TENBOU
by Takashi Okamoto

Originally published in 2020 by Iwanami Shoten, Publishers, Tokyo.
This complex Chinese edition published 2021
by Linking Publishing Co., Ltd., New Taipei City
by arrangement with Iwanami Shoten, Publishers, Tokyo

國家圖書館出版品預行編目資料

【岩波新書·中國的歷史】5 中國的形成/岡本隆司著．
郭凡嘉譯．初版．新北市．聯經．2021年11月．264面．14×21公分
ISBN 978-957-08-6053-5（平裝）

1.中國史

610 110017060